FACULTÉ DE DROIT DE POITIERS.

—◆◈◆—

DE LA FORME DES TESTAMENTS

EN DROIT ROMAIN ET EN DROIT FRANÇAIS.

——

THÈSE

POUR LE DOCTORAT,

Soutenue le samedi 28 juin 1873, à 2 heures.

PAR

Valère HERVÉ

« *Forma dat esse rei.* »

—◆◈◆—

1873

DE LA FORME DES TESTAMENTS

EN DROIT ROMAIN ET EN DROIT FRANÇAIS.

THÈSE

POUR LE DOCTORAT,

Soutenue le samedi 28 juin 1873, à 2 heures,

PAR

Valère HERVÉ

« *Forma dat esse rei.* »

1873

FACULTÉ DE DROIT DE POITIERS.

MM. LEPETIT ✻, doyen, *professeur de droit commercial.*
BOURBEAU, C. ✻, *doyen honoraire, professeur de procédure civile et de législation criminelle.*
RAGON ✻, *professeur de droit romain.*
MARTIAL PERVINQUIÈRE, *professeur de droit romain.*
DUCROCQ, *professeur de droit administratif.*
ARNAULT DE LA MÉNARDIÈRE, *professeur de Code civil.*
LECOURTOIS, *professeur de Code civil.*
THÉZARD, *professeur de Code civil.*
NORMAND, *agrégé.*

M. ARNAUD, *secrétaire agent comptable.*

COMMISSION.

PRÉSIDENT,   M. RAGON, ✻.

SUFFRAGANTS,   { M. DUCROCQ,
M. LEPETIT ✻,
M. DE LA MÉNARDIÈRE,   } Professeurs.
M. NORMAND,   Agrégé.

DEO ET PATRIÆ.

PRÉFACE.

— Le testament est un des actes les plus importants de la vie.

Laisser un gage d'amitié, récompenser un service,
opérer une restitution, faire du bien même après sa
mort, est souvent un besoin de l'âme que le testament peut satisfaire.

Notre conscience nous dit-elle que nous avons
trop vécu en égoïstes ; que nous n'avons pas retran-
ché de nos revenus une part assez large pour les
pauvres, écrivons un bon testament.

Dans ce temps-ci on verra, je l'espère, bien des
cœurs français léguer des sommes considérables pour
nos œuvres patriotiques !

Mais, pour que le vœu des mourants soit écouté et
sanctionné par la loi, il faut qu'il soit exprimé avec
les formalités qu'elle prescrit.

L'homme du monde se figure parfois que ses dernières dispositions seront valables, quelle que soit la
manière dont il les a écrites. Qu'il y prenne garde ! et,
prudemment, qu'il consulte un guide éclairé. Pour le
notaire appelé au chevet des moribonds, la rédaction
d'un testament est ce qu'il y a de plus délicat et de
plus difficile : une nullité peut causer un préjudice

1

irréparable, puisque les ordres, les désirs qui ont été transmis par l'organe de l'officier ministériel, quand ils ne pourront pas être réitérés, ne recevront pas leur exécution.

La volonté suprême de ceux qui émigrent de la terre est quelque chose de respectable et de sacré. Le monument qui la recueille doit donc être dressé avec une attention intelligente, selon les règles de l'art et les prescriptions de la loi.

———

Le testament n'est pas une invention du droit civil, comme le soutiennent certains auteurs. Il se rattache au droit naturel; il est un corollaire, un dérivé nécessaire du droit de propriété.

« L'origine des testaments, dit M. Demolombe,
» est liée à l'origine de propriété; la propriété ne
» serait pas du tout, si elle n'était pas perpétuelle; or,
» qu'est-ce que la perpétuité, sinon le droit de trans-
» mettre à d'autres après nous la chose qui nous
» appartient? » (Art. 711.)

En créant l'espèce humaine, Dieu a voulu qu'elle se perpétuât et se reproduisît elle-même, et il a pris soin de mettre en elle une semence d'affection, d'amour et de prévoyance inépuisable. Aussi de tout temps le père de famille s'est-il préoccupé de l'avenir de ses enfants; de tout temps on s'est groupé, on a bâti des villages et des villes, on a formé des associations, des États. C'est en travaillant ensemble, en combinant les efforts de leurs talents variés, que les hommes rendent la terre féconde et les générations prospères, et qu'ils remplissent leur mission de perpétuer l'œuvre de la création. Le propriétaire, le riche, qui écoute la simple voix de la nature, sait qu'il est l'intendant de Dieu, et qu'il doit dans la mesure de sa fortune pourvoir aux besoins de ses proches, procurer du travail aux ouvriers et des subsides aux malheureux. Et comment pourrait-il accomplir complétement cette mission, s'il n'avait pas la facilité de faire des testaments! Car enfin toutes les ressources de son patrimoine lui sont peut-être nécessaires pendant sa vie, et ce n'est peut-être qu'après sa mort qu'il n'y aura aucun inconvénient à détacher une partie de son avoir pour réaliser ses projets de générosité.

C'est donc bien du droit naturel que nous vient la faculté de tester.

L'histoire nous apprend d'ailleurs que le testament a été connu et pratiqué chez presque tous les peuples. Il était en usage chez les Hébreux (voir l'Ecclésiaste, ch. 33, v. 20 et 24), et même avant la loi de Moyse, car dans la Genèse (ch. 15, v. 2 et 3), nous voyons qu'Abraham, craignant de n'avoir pas d'enfant, s'était proposé d'instituer pour héritier un de ses esclaves : *Mihi autem non dedisti semen, et ecce vernaculus meus heres meus erit.*

— D'après Leibnitz, le droit de tester découle directement de l'immortalité de l'âme : *Testamenta mero jure nullius sunt momenti nisi anima esset immortalis.* La doctrine de ce philosophe me semble ici un peu trop absolue. Que l'homme, en écrivant ses dernières volontés, s'imagine que l'accomplissement de ce devoir lui profitera par delà la tombe, c'est possible ; mais l'inspiration de léguer des bienfaits procède aussi fort souvent de nos purs sentiments d'affection, de ces sentiments auxquels nous obéissons par instinct et qu'une main divine a mis en nous comme un des éléments de conservation de l'espèce humaine. De sorte que ceux mêmes qui ne croient pas à l'immortalité de l'âme peuvent, rationnellement, logiquement, tracer des dispositions testamentaires.

Leibnitz va jusqu'à prétendre que les morts sont toujours propriétaires des biens qu'ils ont laissés et que leurs héritiers institués ne jouent que le rôle de mandataires : *Sed quia mortui adhuc vivunt, ita manent domini rerum : quos vero heredes reliquerunt, concipiendi sunt ut procuratores in rem suam.* Cette dernière phrase ne prouve qu'une chose, la croyance profonde du philosophe de Leipzig en l'autre vie, mais rien de plus.

Selon moi aussi, la pratique universelle du testament ne prouve pas complétement que l'âme ne meurt pas ; ce n'est qu'une demi-preuve, qui sert à corroborer les brillants syllogismes par lesquels on arrive avec une précision mathématique à démontrer qu'il y a en nous une partie immatérielle et immortelle.

— Mais la liberté de disposer par testament, bien qu'elle soit une faculté naturelle, a sans doute été réglementée chez tous les peuples par la loi positive. Le législateur doit en effet encourager les testaments, les actes de bienfaisance développant la sympathie et la concorde entre les citoyens ; il a à veiller en même temps à ce que les libéralités excessives en faveur des étrangers ne ruinent pas les légitimes espérances des familles ; il a le devoir surtout de prescrire des mesures pour qu'on connaisse d'une manière certaine la volonté des mourants. Il est de la plus haute importance que la pensée des disposants soit fidèlement reproduite, et c'est principalement dans ce but que des formalités sévères entourent la confection des testaments.

— Dans ce travail, je passerai en revue les différents testaments de la législation romaine, en expliquant les formalités dont ils étaient l'objet. Je tracerai ensuite les formes actuelles de nos testaments français.

Je n'ai pas à étudier ici les conditions de capacité requises pour accomplir le testament, ni celles qui sont nécessaires pour être désigné comme héritier. Nous étudierons simplement les formalités diverses exigées pour qu'il y ait testament, c'est-à-dire pour qu'il y ait un acte extérieurement va·ible au moment où le testateur exprime ses volontés. Nous n'aurons pas non plus à nous occuper des accidents qui peuvent altérer ou détruire cet acte avant le décès du disposant.

Mais il ne faut pas croire que cette question de forme soit vide d'intérêt. Sans doute les règles sur la forme des testaments ne touchent guère à la morale, ne rentrent pas visiblement dans la science du juste et de l'injuste, quoique cependant elles s'y rattachent par plus d'un lien. Mais elles relèvent de la science économique, qui doit chercher les moyens les moins féconds en procès. De plus, elles demandent aux législateurs une connaissance pratique du jeu de la volonté humaine, des dangers qui peuvent en enchaîner la liberté, et des fausses manifestations qui peuvent la défigurer.

— Ajoutez que notre matière est une de celles où se reflète de la façon la plus intéressante la physionomie philosophique de l'histoire. Ainsi, cette modeste question de forme nous montrera, à Rome, le peuple primitif dominé par l'aristocratie et les pontifes, ses mœurs austères, son respect pour la religion et pour les traditions du droit; le pouvoir exorbitant du père de famille dans sa maison; les conquêtes de ce peuple guerrier, le flot des étrangers envahissant la cité, le Préteur introduisant le droit des gens dans la vieille place d'armes du droit civil, l'empire flattant les militaires, et le christianisme apportant, avec de nouveaux préceptes et une nouvelle civilisation, le perfectionnement du droit. En France, elle nous fera apecevoir la cause du tremblement de terre politique de 89, qui a renversé la monarchie et les monuments de notre ancienne jurisprudence.

—

—Pour voir et analyser dans ses détails la forme des testaments, j'ai pris pour principaux guides : en droit romain, Gaïus, Ulpien et Justinien; en droit français, MM. Demolombe, Dalloz, Troplong et Marcadé. Mais dans la seconde partie de mon travail, il est plusieurs difficultés dont les solutions données jusqu'ici par les auteurs et la jurisprudence ne m'ont pas paru satisfaisantes et sur lesquelles j'ai émis une opinion personnelle. Ai-je réussi? les idées qui sont miennes sur les points labourés par la controverse sont-elles exactes ? Je n'ose pas me le persuader ; mais ce que je puis affirmer, c'est qu'elles sont le résultat de longues recherches et de méditations sérieuses.

En droit français, je ne suis pas entré sur le terrain des testaments privilégiés. Il y avait, ce me semble, peu d'intérêt à le parcourir, peu à y glaner, quoique beaucoup à dire ; et il m'aurait fallu dépasser les limites qu'on assigne ordinairement à une thèse.

J'ai dit quelques mots de la manière dont on faisait son testament en France sous l'ancien régime. Quelques mots ! car le temps nous manque pour explorer notre vieux droit national, et nous ne pouvons guère en examiner, et à vol d'oiseau, que certains sommets.

DE LA FORME DES TESTAMENTS.

EN DROIT ROMAIN.

— Cette première partie de ma thèse sera divisée en deux chapitres. J'examinerai dans l'un la forme des testaments ordinaires, et dans l'autre celle de certains testaments particuliers. J'y ajouterai un court appendice, où il sera parlé des codicilles, car ces actes, qui ne sont réellement pas des testaments, ont une véritable couleur testamentaire.

CHAPITRE PREMIER.

FORME DES TESTAMENTS ORDINAIRES.

— Les testaments ordinaires, qu'on verra se succéder ou coexister à Rome, sont au nombre de sept : 1° *calatis comitiis* ; 2° *in procinctu;* 3° *per æs et libram*, primitif ; 4° *per æs et libram*, perfectionné ; 5° prétorien ; 6° nuncupatif ; 7° tripartit. Ils ont des formes externes et des formes internes.

Après avoir défini le testament et la forme du testament, j'expliquerai chacune de nos sept formes externes, puis ce qu'on est convenu d'appeler les formalités internes.

SECTION PREMIÈRE.

DÉFINITIONS.

— Il y a deux définitions connues du testament romain :
l'une d'Ulpien : *Testamentum est mentis nostræ justa
contestatio in id solemniter facta, ut post mortem
nostram valeat* (XX, § 1, reg.) ; l'autre de Modestin :
*Testamentum est voluntatis nostræ justa sententia
de eo quod quis post mortem suam fieri vult* (D., L. 1,
qui test. fac. post.).

On a reproché à ces deux définitions de ne pas distinguer le testament du codicille. On s'est trompé, je crois ;
les mots *justa... solemniter* qu'elles contiennent sépa-
rent bien le testament du codicille, qui, à l'origine, n'était
assujetti à aucune règle et se faisait sans aucune solennité. Un reproche plus sérieux qu'on pourrait leur adresser, c'est qu'elles ne font pas allusion d'une façon sensible
à la révocabilité de l'acte et à l'institution d'héritier.

Justinien (Inst., de test. ord.) définit le testament d'une
façon trop laconique. Il n'en donne pour ainsi dire qu'une
étymologie : *Testamentum ex eo appellatur quod testatio mentis est.* Étymologie erronée ; le mot testament
dérive simplement de *testari*, et la désinence *mentum*,
qui se trouve dans une foule de substantifs latins, ne vient
pas de *mens*.

Une définition complète serait la suivante : *Un acte
solennel et révocable contenant institution d'un ou
plusieurs héritiers et destiné à produire son effet
après la mort de son auteur.*

Ainsi quatre éléments sont de l'essence du testament romain : formes déterminées, institution d'héritier, révocabilité, effets seulement après la mort. — Nous n'avons à développer, dans les pages qui vont suivre, que le premier de ces éléments ; nous toucherons un peu au second, qui se rattache aux règles de la forme aussi bien qu'à celles du fond.

— Je définis la *forme* du testament : *l'ensemble des solennités et l'observation des règles prescrites par la loi pour rendre certaine l'expression de nos dernières volontés.*

— Les Romains disent, du testament fait dans les formes, qu'il est *justum* ou *jure factum*, et de celui qui a un vice de forme, qu'il est *injustum, non jure factum, pro non scripto* ou *nullius momenti.*

— Procéder à la confection solennelle du testament, c'est *ordinare, celebrare testamentum.*

SECTION II.

FORMALITÉS EXTERNES DES TESTAMENTS.

§ 1.

Testament *calatis comitiis.*

— Gaïus (Comm., II, § 101) raconte que jadis il y avait deux espèces de testaments : *Testamentorum autem genera initio duo fuerunt, nam aut calatis comitiis faciebant... aut in procinctu.* Dans ces temps primitifs, le premier était la règle, le second l'exception ; car Gaïus ajoute : *Alterum in pace et in otio faciebant, alterum in prœlium exituri.*

— Qu'est-ce que le testament *calatis comitiis ?* — *Comitia* (de *coire*), ce sont les assemblées romaines, réunies pour voter sur quelque point. Il y eut à Rome successivement trois sortes de comices : les comices par curies, les comices par centuries, et les comices par tribus. — *Calata* (de *calare*, convoquer) est une appellation qui s'appliquait à tous les comices ; elle ne désigne pas une quatrième espèce d'assemblée. Le mot *calare* s'employait toujours, à l'origine, pour dire convoquer les comices ; il cessa ensuite d'être en usage, excepté, d'après Aulu-Gelle (Noct. Att., XV, 27), quand il fallait convoquer les comices *pro collegio pontificum, aut regis aut flaminis inauguratione, pro sacrorum detestatione,* ou enfin pour la confection des testaments. Dans ces cas isolés, les comices gardèrent l'antique dénomination de *calata,* sans doute à cause du caractère religieux et des souvenirs historiques qu'il s'agissait de sanctionner : *religionis cujusdam et antiquitatis ratione,* dit Pothier (Pand., L. 28, tit. I, sect. ii, art. 1).

Le testament *calatis* se faisait dans les comices par curies. C'était un acte pour lequel il fallait l'intervention de la puissance publique ; c'était une véritable loi. Les testateurs, devant le peuple réuni, indiquaient ceux qu'ils choisissaient pour héritiers ; et le peuple, après délibération, ratifiait ce choix ou le rejetait. Aucun texte ne nous apprend que l'héritier institué dût se présenter aux comices.

— L'héritier institué était le continuateur de la personne du défunt. Avec les avantages de l'hérédité il recevait la charge des dettes et des legs et l'obligation spéciale d'accomplir annuellement des sacrifices envers les dieux, car dans chaque famille le chef était tenu de célébrer les *sacra*. D'un autre côté, le droit de propriété était regardé comme une concession de l'État, et la transmission qu'on en voulait opérer touchait un peu à l'ordre public dans cette société au berceau. Il ne faut donc pas s'étonner qu'une loi fût nécessaire pour la célébration des testaments.

— Ce sont les pontifes qui présidaient aux assemblées du peuple, car toutes les résolutions importantes, tous les actes sérieux devaient commencer chez ce peuple essentiellement religieux par une invocation à la Divinité et être sanctionnés par la religion. Probablement que les pontifes avaient aussi pour mission, en matière de testament, de s'assurer si le futur héritier avait assez de piété envers les dieux pour garantir qu'il ne négligerait pas les *sacra*.

— Théophile nous dit (§ 1 de ce titre) que les *calata comitia*, pour la confection des testaments, avaient lieu deux fois par an. Ni le Digeste ni les Instituts de Justinien ne mentionnent ce fait. Aussi Heinneccius et plusieurs autres le révoquaient en doute et soutenaient que jamais les comices n'étaient spécialement convoqués pour les testaments, mais qu'on s'en occupait accessoirement et après plus importantes décisions. La découverte du manuscrit de Gaïus est venue donner tort à Heinneccius.

— Nous ignorons comment se conservait l'acte du testament *calatis;* mais tout porte à croire que les pontifes tenaient des notes exactes de toutes les délibérations votées par le peuple.

— De ce que la présence du testateur aux comices était indispensable, il suit que ceux qui n'y avaient pas accès, les femmes, les impubères, les sourds-muets, les pérégrins, ne pouvaient pas tester. De ce que l'héritier désigné, à la différence de l'adrogé, n'était pas obligé d'y figurer, on devra conclure que les femmes, les impubères, les sourds-muets avaient la faculté d'être institués.

— De cette forme de tester découlent encore deux principes, qui lui ont survécu et qui sont restés en vigueur pendant tout le règne du droit romain. 1° Les comices eussent été nuls s'ils avaient été interrompus. De là la nécessité de ce qu'on appela plus tard l'unité de contexte. 2° S'il n'était pas nécessaire que l'héritier fût présent, au moins fallait-il qu'il fût vivant au moment où la loi l'agréait. De là la règle que l'héritier doit être capable non-seulement à la mort du disposant et au moment de l'adition de l'hérédité, mais encore au moment de la confection du testament. — Du testament *calatis* date peut-être aussi le principe qu'on ne peut instituer une personne incertaine, car le peuple ne pouvait voter sur un inconnu.

— Dans le testament *calatis*, la volonté de l'instituant est claire et indubitable ; elle est garantie contre la captation et les violences ; mais à côté de ces avantages, que d'inconvénients ! Le secret n'existe pas ; on ne peut tester qu'à deux époques annuelles ; pour révoquer des dispositions ultérieures, il faut une nouvelle loi ; on n'a pas la pleine et entière liberté de tester puisque la volonté du testateur est subordonnée à celle de l'assemblée ; enfin, dans une société aristocratique comme l'était la jeune cité romaine, il est présumable que les seuls patriciens avaient le droit de tester.

— Tous les *comitia* furent-ils employés à la confection des testaments? Je pense qu'il n'y eut que les *comitia curiata*. Déjà, sous Servius Tullius, auteur des *comitia centurata*, la population de Rome était nombreuse, et il eût été difficile, dans une cité où personne ne voulait mourir *ab intestat*, de s'occuper, en assemblée publique, de tous les testaments et de toutes les révocations. Nous verrons plus loin que la forme du testament *per æs et libram* était bien plus simple, bien plus commode que celle du testament *calatis;* elle dut par conséquent précipiter la chute de celle-ci. Enfin, nous savons positivement par un passage de Cicéron (de natura deor.) que le testament *calatis comitiis* tomba vite en désuétude.

Est-ce à dire que ce mode de tester cessa d'être pratiqué le jour où les comices par centuries embrassèrent les rangs grossis des citoyens? Les textes ne permettent pas de l'affirmer, et je ne crois pas qu'il en fût ainsi. Chez les Romains, une institution avait-elle besoin d'être modifiée, elle n'était jamais supprimée brusquement; on en créait, à côté, une meilleure, qui peu à peu éclipsait, anéantissait la première. Sous le règne du roi Servius (anno 176 ab urb. c.), les comices par curies furent encore convoqués pour certains actes religieux, pour certaines formalités respectées. Les familles patriciennes, fières de leur généalogie et de leur antiquité, vantant sans doute l'ancien régime et blâmant les innovations, aimaient, j'imagine, à tester *calatis comitiis*, comme on le faisait autrefois. Même quand il n'y eut plus de curies, noyées qu'elles étaient dans les nouvelles divisions de la cité, il y

eut bien longtemps des comices par curies fictifs : trente
licteurs entouraient le Préteur et représentaient sommairement une assemblée du peuple primitif. Il est probable
cependant que les graves inconvénients du testament *calatis* éteignirent chez les patriciens l'amour de ce vieux
testament et leur en firent abandonner l'usage avant même
que les comices curiates artificiels aient été définitivement
abrogés.

§ 2.

Testament *in procinctu.*

— A côté du testament *calatis comitiis* vivait le testament *in procinctu* (Gaïus, 2, § 101 ; Inst., de test. ord.,
3, 1).

Procinctus, c'est l'armée équipée et allant au combat.
Les militaires pouvaient être loin de Rome aux époques
fixées pour la confection des testaments devant les assemblées par curies , qui se tenaient au *Forum;* ils étaient
aussi plus exposés que les autres citoyens à perdre la vie.
Il était donc utile d'établir pour eux un mode particulier
de tester. Voici comment on procédait. On commençait
par certaines cérémonies religieuses (Cicéron , de nat.
deor., 2, 3) ; puis le testateur nommait à haute voix son
héritier devant l'armée. L'armée était la représentation
des comices, et, par son assentiment tacite, donnait force
de loi aux volontés du soldat. Plus tard , on se contenta
d'une nuncupation faite devant trois ou quatre compa-
gnons d'armes, ainsi que nous l'apprend Plutarque (Vie
de Coriolan).

N'y avait-il qu'au moment de l'entrée en campagne

que les soldats avaient le droit de tester *in procinclu?*
Les textes semblent le dire : *Ad bellum proficiscentes...
cum belli causa ad pugnam ibant..., in prælium exituri.* Mais évidemment il faut admettre que pendant toute
la durée de l'expédition le militaire pouvait faire un testament *in procinclu,* car à chaque instant on pouvait
être surpris par l'ennemi, ou le surprendre, et en venir
aux mains.

Ce mode de tester n'était pas un mode privilégié ; il
était de droit commun, comme le testament *calatis,* et
restait indéfiniment valable après la rentrée du testateur
dans ses foyers.

Il contient le germe du testament militaire, que nous
trouverons plus tard.

Justinien (Inst., 2, 10) et, après lui, Théophile nomment
le testament dont nous nous occupons, *testamentum*
PROCINCTUM ; expression barbare et vicieuse, qui n'est
point celle de Gaïus et d'Ulpien, ni celle des autres
auteurs.

§ 3.

Testament *per æs et libram* dans sa forme primitive.

— Dès l'origine il y avait à Rome, comme dans tous
les petits États italiques, deux castes distinctes : la caste
patricienne et la caste plébéienne ; l'aristocratie et la
plèbe. Les patriciens avaient le monopole de la fortune et
celui des fonctions sacerdotales, politiques et judiciaires ;
dans leurs rapports entre eux, ils observaient, d'après certains auteurs, un droit particulier. Denys d'Halicarnasse
(L. 6, § 54) cite ce passage de la vigoureuse harangue

d'Appius Claudius contre la populace : « Les nations qui nous entourent sont gouvernées par les grands, et chez aucune d'elles il n'est concédé à la plèbe un droit égal à celui de la classe supérieure. » Les plébéiens avaient dans l'État une situation infime, misérable ; ils étaient dominés et conduits par la caste aristocratique, à laquelle ils étaient liés, presque tous, par les liens de la clientèle, condition peu différente de l'esclavage.

— Comment se sont formées ces deux catégories de citoyens ? nous n'avons pas à en chercher ici l'explication ; nous n'avons qu'à mentionner ce fait historique, qui n'est contesté par personne.

De là il est permis de conjecturer que les deux réunions annuelles des comices pour la confection des testaments avaient été instituées en faveur des seuls citoyens importants, et que les plébéiens, qui d'ailleurs possédaient peu ou ne possédaient rien, n'avaient pas la faculté de tester dans la forme solennelle. Partant, il est très-vraisemblable que ce sont eux qui inventèrent le moyen de tester, en faisant une vente, une mancipation de leur patrimoine présent et futur, c'est-à-dire le testament *per æs et libram*. Chacun n'était-il pas libre de vendre son bien ?

Ulpien nous dit (Reg. XX, § 2) que le testament *per æs et libram* était une mancipation imaginaire. Gardons d'attribuer aux paroles d'Ulpien une portée absolue. En effet, prenons et lisons Gaïus, comm. II, §§ 101 à 105. Nous y voyons qu'aux deux formes primitives d'exprimer ses dernières volontés il vint s'ajouter la forme *per æs et libram*, et que celle-ci, à une époque que le jurisconsulte ne nous indique pas, subit une grave modification : *Hoc vero solum, quod per æs et libram fit, in usu reten-*

tum est : sane nunc aliter ordinatur atquè olim so-lebat. Or, cette révolution qui s'opéra dans la célébration du testament *per æs et libram* consiste en ce que la mancipation faite par le testateur, de sérieuse et réelle qu'elle était autrefois, devint purement fictive et ne se conserva que comme souvenir historique : *Olim familiæ emptor... heredis locum obtinebat; nunc vero alius heres testamento instituitur, alius dicis gratia prop-ter veteris juris imitationem familiæ emptor adhi-betur.* Concluons que le rite de notre testament *per æs et libram* était bien une *mancipatio imaginaria* au temps de Gaïus et d'Ulpien, mais qu'à l'origine il était une vente véritable.

— On ne saurait préciser le moment où l'institution d'héritier par mancipation a été mise en pratique. Mais il est positif que ce genre de testament est né postérieu-rement aux deux autres : *Testamentorum autem ge-nera initio duo fuerunt...; accessit deinde tertium genus* (Gaïus, ibid.; Inst., de test. ord., § 1). J'aime à penser cependant que la race plébéienne, intelligente et rusée comme elle l'était, a dû trouver presque tout de suite un moyen si facile de ne pas mourir *ab intestat.* Et il est probable aussi que bien des têtes d'aristocrates ont été tacitement fort aise de l'innovation, afin d'échap-per aux inconvénients de la forme *calatis comitiis.*

La première loi qui accorde la liberté de tester, liberté qu'on n'avait pas pleine et entière sous l'empire du tes-tament *calatis,* est la loi des Douze-Tables (anno 303, ab urb. c.) : *Uti legassit super pecunia tutelave suæ rei, ita jus esto!* Mais, il n'en faut pas douter, les décem-virs, en burinant ces mots sur l'ivoire, n'ont fait que consacrer une coutume populaire. La loi décemvirale ne nous vient point d'Athènes ou de Lacédémone ; les fragments que nous en connaissons trahissent trop les mœurs et le caractère romains pour qu'il soit permis d'y voir autre chose qu'un monument exclusivement national. D'ailleurs comment avons-nous obtenu les Douze-Tables ? Les plébéiens, qui déjà avaient remporté des succès contre la caste patricienne, dont ils étaient les esclaves, réclamaient depuis longtemps une chose extrêmement juste : ils voulaient que les règles du droit, au lieu d'être arbitraires et cachées au vulgaire, fussent rendues publiques et qu'elles fussent les mêmes pour tous les citoyens. Ils avaient à leur tête des tribuns habiles et infatigables. Leurs rangs avaient grossi. Ils formaient dans l'État la majorité. La noblesse eut peur. Les dix législateurs élus par les comices, pour rédiger les lois civiles de la République, avaient évidemment pour mission d'examiner les besoins, les misères et les aspirations du peuple et de lui donner satisfaction ; autrement leur œuvre aurait duré moins de temps que ne dure un violent orage.

On a soutenu que le mot « legassit » contient une allusion, non pas à l'institution d'héritier, mais aux charges, aux lois secondaires que le testateur peut imposer à l'héritier institué. L'objection s'évanouit devant le texte suivant puisé au Digeste (50, 16 ; L. 120) : « Verbis legis XII Tabularum *uti legassit suæ rei ita jus esto* latissima potestas tributa videtur et heredis instituendi et legata et libertates dandi. »

En proclamant la liberté de tester, les décemvirs avaient porté le dernier coup aux vieux comices curiates. Les curies, dont l'autorité politique était déjà bien entamée, et

devant lesquelles de rares citoyens allaient faire leur testament solennel, ne pouvaient plus refuser leur ratification et ne jouaient que le rôle de témoins ; puis, on ne
les convoqua plus ; il n'en resta plus qu'une ombre, une
image ridicule. Elles étaient représentées par trente esclaves armés de faisceaux : *Ad speciem atque usurpa-
tionem vetustatis adumbrata comitia* (Ciceron. cont.
Rull., II, 12). Enfin, les deux testaments *calatis comitiis*
et *in procinctu* disparurent tout à fait, *in desuetudinem
abierunt*, ainsi que nous l'affirment Ulpien (XX, § 2),
Gaïus (II, 103) et Justinien (I, de test. ord., § 1).

— Entrons maintenaut dans les détails du testament
per æs et libram.

Il s'appelle ainsi parce que dans la solennité de la mancipation, à l'aide de laquelle il se réalise, figurent une
pièce de cuivre (æs) et une balance (libra).—La mancipation est le mode le plus usuel dans tout le droit classique de transférer la propriété. Les gestes, la pantomime
qu'elle exige sont ceux de la vente antique, dans laquelle
on pesait réellement le métal, qui était le prix de l'objet
vendu. Toute mancipation a donc quelque chose d'imaginaire et de symbolique, mais n'en constitue pas moins
un acte sérieux et très-réel translatif du *dominium.*

Le testateur mancipe son hérédité ; il en transfère de
son vivant la propriété à son héritier, absolument comme
un vendeur ou un donateur mancipe à l'acheteur ou au
donataire un immeuble italique, un esclave, etc.

Huit personnages figurent sur la scène quand s'accomplit le testament *per æs et libram* : le testateur, *man-
cipans*, l'acquéreur du patrimoine, *familiæ emptor*,
un porte-balance, *libripens*, et cinq témoins. Seuls, les

trois premiers jouent un rôle actif; les cinq autres regardent et écoutent.

Les cinq témoins représentent les cinq classes du peuple, depuis Servius, c'est-à-dire la puissance publique. C'est là un vestige de la règle qui remonte à la naissance de la société romaine, que la propriété n'est régulièrement transmise qu'avec l'autorisation de l'État.

Le *libripens* tient une balance de cuivre. Le *familiæ emptor* jette un morceau de cuivre dans l'un des plateaux, en prononçant des paroles sacramentelles rapportées par Gaïus (II, § 104) : *Familiam pecuniamque tuam endo mandatam tutelam custodelamque meam accipio, eaque quo tu jure testamentum facere possis secundum legem publicam hoc ære, æneaque libra esto mihi empta.* Il n'a pas à toucher en même temps les objets de l'hérédité ; il est admis que la présence des immeubles n'est plus indispensable dans la mancipation (Gaïus, I, 121). Aucune nuncupation n'est exigée du testateur ; tout se passe comme dans une mancipation ordinaire ; son silence accompagné de la réception du prix fictif, équivaut à un consentement verbal. Mais il en est autrement quand il impose des legs et autres charges ; alors il intervient une sorte de pacte adjoint, pour lequel il faut bien que le disposant prenne la parole.

— Comme on le voit, le patrimoine d'un homme vivant, qui le vendait lui-même, était une chose *mancipi.* Cependant l'hérédité vraie, celle d'un mort n'est pas *res mancipi,* car elle ne figure pas dans la liste des choses *mancipi* que nous donne Ulpien (Reg, 19, § 1). Pourquoi cette différence ? Ce serait bien difficile d'en trouver la raison.

— Le testament *per æs et libram* est moins solennel que le testament *calatis :* on peut le faire à n'importe quel moment. Mais il n'est pas sans imperfection. Il est irrévocable comme toute mancipation, si l'aliénateur n'a pas le soin d'y ajouter un pacte de fiducie. Avec un pacte de fiducie, on fait promettre au *familiæ emptor* de rémanciper la chose dans le cas où le testateur se repentirait, et l'*actio fiduciæ directa* force l'institué à exécuter sa promesse. Du reste, avec un pacte de fiducie, la révocabilité est encore incomplète et dangereuse : la rémancipation ne rétroagit pas, les droits réels consentis par l'*emptor* ne s'effacent pas, et s'il devient insolvable il ne restituera pas intacte la valeur du patrimoine. Un second inconvénient, c'est qu'un grand nombre de personnes ne sauraient être instituées. Dans la mancipation, acte sérieux, l'*emptor* doit comparaître lui-même ou se faire représenter ; or, sans parler des étrangers et des personnes incertaines, incapables également dans le testament *calatis*, impossible d'instituer les enfants, les femmes, les sourds, les muets, les captifs, les simples non présents, puisqu'ils ne sont pas à même de comprendre, prononcer ou entendre les paroles solennelles de la mancipation. Impossible aussi d'instituer les enfants qu'on a en sa puissance, le *commercium* n'existant pas dans ce cas. Par la même raison, on ne peut instituer son propre esclave ; et si l'on meurt insolvable, la *bonorum venditio,* qui est une tache sur le nom et sur la mémoire du défunt, ne sera pas évitée. Ces conséquences funestes prolongèrent probablement l'existence du testament *calatis*, auquel on était forcé de recourir pour instituer l'un de ceux qui ne pouvaient se porter *familiæ emptores.* Un autre inconvénient extrêmement grave résulte de la publicité des dispositions : l'institué est exposé aux embûches des héritiers *ab intestat*, et tout à la fois se trouve intéressé à la mort du testateur.

§ 4.

Testament *per æs et libram* dans sa forme perfectionnée.

— Il s'opéra dans la célébration du testament *per æs et libram* une modification, qui le débarrassa de ses plus gros inconvénients et fit sans doute disparaître à tout jamais le testament *calatis*. Gaïus nous indique cette révolution : *Sane nunc aliter ordinatur atque olim solebat* (II, § 103).

En quoi consista donc cet important changement ? Le même jurisconsulte nous l'apprend : *Nunc alius heres testamento instituitur, a quo etiam legata relinquuntur, alius dicis gratia propter veteris juris imitationem familiæ emptor adhibetur.* Ainsi, l'héritier n'est plus nécessairement le *familiæ emptor*; l'hérédité n'est plus vendue, mancipée. Il y a bien encore un *familiæ emptor*, mais pour la forme seulement, *dicis gratia*; il y a bien encore l'apparence d'une mancipation, mais seulement par respect de la tradition, par réminiscence du passé ! Tout cela n'est plus le testament, ce sont des formalités qui l'entourent et le vivifient. C'est maintenant que le mot d'Ulpien est juste : *imaginaria mancipatio.*

— Voyons les formalités nécessaires à ce testament.

En apparence, elles diffèrent peu de celles du testament *per æs et libram* ancien. Toutefois il y a deux choses nouvelles : 1º un écrit contenant le nom de l'héritier et les différentes volontés du testateur ; 2º une mancipation à haute voix.

La rédaction d'un écrit offre cet avantage de tenir les dispositions secrètes et de laisser en sûreté la vie du testateur et celle de l'institué. L'écrit peut être tracé soit par le disposant, soit par tout autre, à l'exception du bénéficiaire (D., L. 28, qui test. fac. poss., et L. 1, de his quæ pro non scrip.). Les tablettes ainsi rédigées ne sont encore qu'un projet. Pour leur donner une valeur, il faut la mancipation. Dans la mancipation tout se passe comme autrefois ; seulement le rôle de l'*emptor* n'a plus rien de réel, et quand il prononce ces mots : *esto mihi empta,* ce n'est plus qu'un mensonge légal qu'il débite ; il n'est pas l'héritier ; il ne sera pas le propriétaire de la *pecunia familiaque;* il n'est qu'un acteur.

Après la pantomime de cette vente imaginaire, le testateur prend la parole. Tenant à la main ses tablettes, il déclare en présence des témoins que c'est là son testament ; nuncupation qui a lieu en termes solennels, cités par Ulpien (R. X, § 9) et par Gaïus (II, § 104) : *Hæc ut in his tabulis cerisve scripta sunt ita do, ita lego, ita testor; itaque vos, quirites, testimonium perhibetote.*

Comme pour le testament *calatis,* comme pour tous les *actus legitimi,* du reste, il faut ici l'unité de temps et d'action. Interrompre l'opération pour s'occuper d'un acte étranger rendrait nul le testament (D., L. 21, § ult., qui test. fac. p.).

Le testament ne serait pas valable, si les témoins ne recevaient pas une convocation spéciale ; mais à la rigueur il suffit qu'au commencement de la séance on les prévienne qu'il s'agit d'un testament (Ib., L. 21, § 2, et L. 20, § ult.).

Il est probable que le cachet ou la signature des témoins était apposée sur les tablettes, comme preuve de l'accomplissement du rite testamentaire. Autrement, comment aurait-on pu démontrer l'identité de l'écrit ?

— Aucun texte n'exige la date ni le consul. Un fragment de Modestin, qui ne se trouve pas au Digeste, mais que Pothier rapporte (Pand., L. 28), nous dit même expressément que la date est inutile : *Quum in testamento dies et consules adjecti non sunt, non nocet quominus valeat testamentum.*

— Cette nouvelle organisation du testament corrige bien des inconvénients. Elle permet d'instituer ceux qui sous l'ancienne forme *per æs et libram* étaient incapables de figurer comme *familiæ emptores*, les impubères, les fous, les prodigues, etc. Elle permet de révoquer *ad libitum* ses précédentes dispositions, en les déchirant ou simplement en raturant le nom de l'institué. D'ailleurs la mancipation, n'étant employée que pour la forme, n'opère pas de translation de propriété et ne met aucun obstacle à la révocabilité.

— Une aptitude particulière est requise des témoins. Il leur faut d'abord la *factio testamenti*, la capacité d'être institués, c'est-à-dire avoir le *commercium*. Le latin Junien a cette aptitude ; les pérégrins, les déportés, les déditices ne l'ont pas.

Il est des personnes qui possèdent la *factio testamenti*

et qui ne sauraient être appelées comme témoins : 1° les femmes (D., L. 20, qui test fac. p.). La modestie exige qu'on ne les fasse pas venir là où des hommes peuvent remplir le même office. Devant les juges le témoignage des femmes est admis, parce qu'alors il y a impossibilité d'y substituer capricieusement un témoignage masculin. Paul (D., de testibus, L. 15) se demande si l'hermaphrodite peut figurer comme témoin dans un testament; et il répond : *Qualitas sexus incalescentis ostendit.* 2° Les esclaves du testateur et ceux d'autrui (D., L. 20, § 7). Il n'y a pas d'exception pour les esclaves du peuple romain, lesquels cependant sont au-dessus des autres et sont capables de tester sur la moitié de leurs biens. 3° Les impubères, les muets, les sourds, les furieux (Ulp., XX, § 7). 4° Ceux qui sont interdits, probablement parce que leur dissipation les faisait regarder jadis comme indignes de figurer dans les comices et plus tard dans un acte aussi sérieux que le testament. Un fragment d'Ulpien, inséré au Digeste (L. 18, qui test. fac. p.), porte que si le prodigue interdit ne peut être témoin dans un testament, c'est qu'il n'a pas la *testamenti factio.* Il faut se garder de croire que le prodigue n'ait pas la faction de testament passive ; il peut être institué. Ulpien veut dire sans doute que le prodigue n'a pas la *factio testamenti* active. Mais cette raison elle-même n'est pas très-concluante, car le fils de famille, qui en principe n'a pas la capacité de tester, a cependant celle d'être témoin. Le jurisconsulte a voulu dire que le prodigue, ayant été jugé trop inexpérimenté pour dicter un testament, ne saurait concourir à faire celui des autres. 5° Les individus, déclarés par quelque loi, indignes d'être témoins : le *repe-*

tundarum damnatus (L. 15, D., de testibus), en vertu
de la loi Julia *repetundarum* ; l'*adulterii damnatus* (Ib.,
L. 14) ; le condamné *ob carmen famosum* ; celui qui,
ayant figuré à un testament comme témoin ou porte-
balance, refuse son attestation (L. des Douze-Tables).

De tout temps on a exigé du *libripens* les qualités des
témoins ordinaires (Gaïus, II, 107). La même aptitude
est évidemment exigée du *familiæ emptor*, depuis que
son rôle est devenu celui d'un simple figurant.

— Nous venons d'indiquer les incapacités absolues
d'être témoin. Énumérons les incapacités relatives.

Ne peuvent être témoins dans le testament :

1° Les fils de famille placés sous la puissance du testateur ; 2° le frère placé sous la même puissance que le testateur ; 3° le père qui a la *potestas* sur le testateur (Gaïus,
II, 106). *Reprobatum est in ea re domesticum testimonium.* Remarquons que c'est le lien de la puissance
paternelle, et non celui de la parenté naturelle, qui est
un obstacle au témoignage. Ainsi le père peut être témoin
du testament de son fils émancipé, *et vice versa*. Il me
paraît certain aussi que deux frères ont le droit de se
prêter mutuellement le service de témoin, lorsque, sans
émancipation, mais par la mort de leur chef, ils sont devenus tous deux indépendants, *patresfamilias*. Les textes
qui prohibent le témoignage fraternel ne parlent que
des frères qui sont sous la même puissance que le testateur (J., §§ 9 et 10, de test. ord.; Gaïus, II, 106).—
4° Les gens unis au *familiæ emptor* par un lien de
puissance : son fils, son père, son frère. Ceci est logique
dans le testament *per æs et libram* primitif, mais ne
l'est pas dans le testament *per æs et libram* modifié, car

alors le *familiæ emptor* n'est qu'un tiers figurant !
Gaïus avoue que dans ce cas l'incapacité a été maintenue
par routine, *propter veteris juris imitationem* (II,
§§ 105 et 106); on fait encore semblant de croire que
tout se passe entre le testateur et le *familiæ emptor*.
Quant à l'héritier véritable, il pouvait être témoin, ainsi
que son fils, son père, son frère, puisque selon les appa-
rences ils étaient étrangers (Gaïus, II, 108). Mais on sen-
tait ce qu'il y avait de ridicule dans un pareil résultat, et
dans la pratique on usait rarement du droit strict : *mi-
nime hoc jure utimur* (Ib.).

Les légataires et les fidéicommissaires, eux qui ne sont
pas *juris successores*, peuvent *a fortiori* être témoins.

Rien n'empêche que deux ou plusieurs témoins soient
unis entre eux par un lien de puissance paternelle (Ulp.,
R., t. 20, § 5).

Il n'est pas nécessaire que les témoins entendent la
langue du testateur; il suffit qu'ils comprennent la scène
qui se passe devant eux (D., L. 20, § 9, qui test.
fac. p.).

— Quand par erreur on a admis le témoignage d'un
incapable, le testament n'est pas toujours nul. Si l'erreur
était générale, invincible, on passe par là-dessus ; du
moins un texte formel le décide ainsi pour le cas où un
esclave qu'on croyait libre avait été pris pour témoin
(C., L. I, de test.). C'est là une des principales applica-
tions du brocard : *error communis facit jus*. Le Digeste
nous en donne une application bien plus fameuse encore :
on décide que tous les actes accomplis par l'esclave Bar-
barius Philippus, qu'on croyait libre et que le peuple

romain avait élevé à la dignité de Préteur, sont aussi valables que ceux d'un Préteur ordinaire.

Celui qui a écrit le testament sous la dictée du testateur peut-il être pris pour témoin ? Question soumise à
Celsus par un de ses clients. Celsus répondit : *Valde
stulta est consultatio tua. Plus enim quam ridiculum
est dubitare an aliquis jure adhibitus sit quoniam
idem et tabulas testamenti scripserit* (D., L. 27, qui
test. fac. p.). Les jurisconsultes romains ne flattaient pas
toujours leurs clients, comme on voit.

§ 5.

Testament nuncupatif.

— De tout temps à Rome on a pu tester sans écrit. Le
testament *calatis comitiis* se faisait au moyen d'une
nuncupation. Le testament *per æs et libram* primitif
n'exigeait du testateur que certains gestes, moins expres-
sifs encore que la parole. Le testament *per æs et libram*
perfectionné, celui qui se pratiqua pendant toute la période classique, se faisait ordinairement avec un écrit;
mais il pouvait aussi se dresser sans aucune écriture, à
l'aide d'une nuncupation ; de sorte que le testament nuncupatif n'était dans cette période qu'une nuance du testament *per æs et libram*. Un fragment d'Ulpien, que nous
voyons au Digeste (L. 21, qui test. fac. p.), le démontre,
je crois, assez clairement : *licebit testanti vel nuncupare heredes, vel scribere; sed si nuncupat palam
debet. Vel nuncupare vel scribere* n'indique pas à mes
yeux deux modes très-différents de tester, mais une

simple alternative pour le testateur de dire ou d'écrire le
nom de son héritier. Ainsi, à l'époque où nous sommes,
pour tester en la forme nuncupative, il faut la balance, la
pièce d'airain et la pantomime de la mancipation ; seulement, au lieu de présenter un écrit aux témoins et de prononcer une nuncupation générale et vague qui en confirme le contenu, on prononce à haute voix le nom de
l'institué et les lois particulières qu'on veut lui imposer.

Le testament *per œs et libram* sans écrit est très-an-
ancien. Qui sait s'il ne précéda pas le testament *per œs et
libram,* avec *tabulæ?* Quoi qu'il en soit, une biographie
d'Horace, attribuée à Suétone, nous apprend que c'est en
la forme nuncupative que le poëte exprima ses dernières
volontés.

Le testament oral ne fut, je crois, une façon distincte
de faire connaître l'héritier de son choix que quand le
droit romain, envahi par le droit des gens et subissant
l'influence d'une religion nouvelle, embrassée par Constantin, devint moins matérialiste et se débarrassa de ses
vieilles habitudes et de ses vieilles formules. On enseigne
généralement que la forme nuncupative pure a été orga-
nisée par une constitution de Théodose et Valentinien
(C., L. 21, hac consultissima, § 2, an. 439) ; mais elle
me semble résulter de l'abrogation décrétée, par Constantin II, de toute formule sacramentelle en matière de
testament (C., L. 15, de test., an. 339). La loi *hac consultissima* ne fait que consacrer une coutume établie
depuis un siècle.

Le formalisme de la mancipation étant abrogé et mis
de côté, la balance, la pièce d'airain et les mots que prononçait mécaniquement l'acheteur apparent de l'hérédité,

n'étant plus utiles, on garda cependant sur la scène l'ancien *libripens* et l'ancien *familiæ emptor*, mais leur rôle ne fut plus que celui des témoins ordinaires. *Per nuncupationem quoque, hoc est sine scriptura, testamenta non alias valere sancimus quam si septem testes... simul uno eodemque tempore collecti testatoris voluntatem audierint.*

— Les témoins du testament oral ont toujours dû comprendre la langue du testateur; autrement les noms, la profession, la demeure de l'institué auraient été ignorés ainsi que les charges particulières qui lui étaient imposées. Il pouvait n'en être pas ainsi dans le testament *per æs et libram* écrit, car ces indications gravées sur les tablettes n'avaient pas besoin d'être gravées dans la mémoire des témoins.

— Jusqu'à Constantin II, les testaments se faisaient en latin. Je pense qu'à dater de l'abrogation des formules les testateurs ont eu la faculté de s'exprimer en grec. La loi *hac consultissima*, en disant : *illud etiam huic legi prospeximus inserendum ut etiam græce omnibus liceat testari* (§ 3), ratifie une pratique généralement admise.

§ 6.

Testament prétorien.

— Le testament prétorien coexista avec le testament *per æs et libram*.

C'est un acte de dernières dispositions écrit et portant les cachets de sept témoins.

Un testament juridiquement nul pour vice de forme,

soit parce que la balance et la pièce d'airain n'ont pas été employées, soit parce que la nuncupation n'a pas eu lieu, est valable aux yeux du Préteur, pourvu qu'il soit revêtu et protégé par les cachets de sept témoins.

Le magistrat qui avait la garde du droit civil y apportait de temps à autre certaines modifications. Dans ses édits, il le confirmait quelquefois, mais le plus souvent le corrigeait, le métamorphosait; et il s'y prenait habilement, par des détours et sans avoir l'air d'y toucher ! Ainsi dans notre matière, savez-vous comment il arrive à anéantir le droit civil? Tout en avouant qu'il lui est impossible de créer un héritier, de déférer l'hérédité, le *dominium ex jure Quiritium*, il dit que l'institué n'aura que la seule qualité de *bonorum possessor*, et qu'il ne lui attribuera que la *bonorum possessionem secundum tabulas*. Vous le voyez, l'institué dont le titre est radicalement nul entrera quand même en jouissance des biens du défunt ! et il y sera maintenu ! !

Je ne critique pas, je ne blâme pas la conduite du Préteur. Sa tactique, pour introduire des réformes, était peut-être très-rationnelle, quoiqu'elle fût pleine d'habileté. Peut-être n'était-il pas facile et sans quelque danger de renverser brusquement, dans ces temps-là, une institution pour en mettre une autre à la place : ou l'aristocratie, fière de ses aïeux, amoureuse du passé et des vieilles choses qui flattaient sa vanité, se fût irritée, ou bien la partie ignorante de la basse classe eût pensé qu'on voulait toucher aux Douze-Tables et lui enlever les avantages de la plus précieuse de ses conquêtes. Il était donc prudent de monumenter de nouvelles institutions sans jeter bas les anciennes.

Avant d'inscrire des innovations dans son édit, le Préteur consultait toujours, j'imagine, les mœurs et les tendances populaires, et tantôt consacrait une coutume récente qui lui paraissait bonne, tantôt cherchait à donner de l'extension à une pratique excellente qui se développait trop lentement. Le testament prétorien, par exemple, a pris son origine, selon moi, non dans l'esprit du Préteur, mais dans l'esprit du peuple. Les testateurs avaient eu l'heureuse idée de confier au papyrus les noms de leurs héritiers et, sans nul doute, de le former et de le faire sceller par les témoins, pour que le contenu en fût invariablement fixé et demeurât secret. Or l'écriture et l'apposition des cachets parurent, aux yeux du magistrat, être une garantie suffisante et tout aussi sérieuse qu'un simulacre de mancipation. De là un article de l'édit conçu en ces termes : *Si de hereditate ambigitur et tabulæ testamenti non minus signis quam e lege oporteat ad me proferentur, secundum tabulas testamenti possessionem dabo* (Cic. in Verr., III, 117).

— Le testament prétorien était le plus souvent clos et secret comme l'écrit du testament *per æs et libram*, et dans le même but. Il pouvait être mis sous enveloppe : *Signatas tabulas accepi oportet et si linteo quo involutæ sunt signa impressa fuerint* (D., L. 22, § ult., qui test. fac. p.). On était libre également de ne pas le fermer, car il n'existait pas de loi qui rendît le secret obligatoire ; d'ailleurs le verbe *signare* ne contient que l'idée d'empreinte. Dans cette dernière hypothèse, les cachets se posaient à un endroit quelconque de la feuille.

— L'anneau ou chevalière, que la plupart des Romains portaient au doigt, leur servait de cachet. Mais il était loisible aux témoins d'employer n'importe quel cachet, le leur, celui du testateur ou d'un tiers, ou n'importe quel objet pouvant imprimer un signe, une image quelconque : *Formam insculptamque signis imaginem* (D., L. 22, qui test. fac. p.).

— Chaque témoin, à côté de son empreinte, est tenu d'annoter de sa main que c'est un tel qui a testé et u.. tel qui a apposé son anneau (L. 30, ib.). Cette mention s'appelle *adscriptio*; elle est aussi indispensable que le *signum.*

Les *signa* et les *adscriptiones* se posent en présence du testateur (C., L. 12, de test.).

— Le Préteur ne voulant, pour la validité de la forme, que des cachets réguliers, je suis tenté de croire qu'il n'est pas nécessaire de savoir lire pour faire un testament honoraire.

— Ce mode de tester est fort ancien, car Cicéron, qui rapporte le passage de l'édit : *si de hereditate,* que j'ai cité plus haut, ajoute : *hoc est tralatitium.* Selon moi, d'après les conjectures historiques et la marche du droit, il prit naissance vers l'époque où se perfectionna le testament *per æs et libram.*

§ 7.

Testament tripartit.

Il s'opéra dans la manière de tester un dernier et très-célèbre changement. On combina ensemble le testament civil *per æs et libram,* le testament prétorien et un élément tout nouveau; et de ces trois éléments on fit un seul et unique testament, qui s'appela tripartit, à cause de sa triple origine.

Ce mode de disposer exige : 1° l'unité d'action ; 2° la présence de sept témoins et l'apposition de leur cachet, et 3° (ce qui est une formalité toute nouvelle) l'apposition de leur signature et de celle du testateur au bas de l'écrit.

— Tous les auteurs que j'ai lus enseignent que c'est sous le règne de Théodose II (an. 439) qu'apparut la dernière métamorphose du testament. Je ne suis pas entièrement de leur avis. C'est le bon sens, l'intelligence de la plèbe, qui a créé l'innovation. Ne sont-ce pas le droit des gens et le droit coutumier, qui toujours ont imprimé le mouvement au droit civil et l'ont entraîné dans la voie du progrès ? Or, au commencement du ve siècle, il y avait longtemps que le flot des étrangers, avec leurs mœurs, leur activité et leurs moqueries touchant les vieilles institutions romaines, avait envahi la cité, et que les plébéiens occupés, exercés à l'industrie, avaient pris l'habitude d'être prudents, et inventé les précautions les plus sages dans la confection de leurs actes et de leurs contrats ! Je suis donc tenté de croire que la signature du testateur et des témoins au pied des dispositions, que ce redoublement de garantie nous vient de la prudence et de la sagacité des commerçants, c'est-à-dire des plébéiens, et que la constitution de Théodose II n'est que la confirmation d'un usage deux ou trois fois séculaire.

En dehors des considérations historiques et des données que je vois jaillir en éclairs de l'intelligence de la masse active et travailleuse, l'examen des textes me procure la même conviction. La loi 21, *hac consultissima*, du Code, serait, selon moi, inconciliable avec d'autres lois et avec certains monuments authentiques de l'histoire, si elle ne présupposait pas la pratique déjà constante du testament tripartit. En effet, elle dit qu'on peut tester ou par écrit ou par nuncupation. Par écrit ! en employant des formalités qui rendent les dispositions absolument cachées et secrètes. Or les Instituts (de pup. subst., § 3) et le Code (L. 29, de test.) admettent la publicité du testament écrit, et, d'un autre côté, les historiens nous apprennent qu'à Rome on mettait une certaine ostentation à montrer et à lire son testament à ses amis. Donc la loi *hac consultissima* n'est pas la seule loi organique du testament tripartit.

Lorsqu'on veut tester secrètement, il faut observer le rite indiqué par la Constitution de Théodose II. Lorsqu'on veut tester par écrit, mais sans aucun secret, il faut observer les formalités prescrites par la Coutume, et qui sont sans doute les mêmes que celles de la loi 21, sauf la clôture.

Analysons la scène juridique qui constitue le testament secret. Le testateur qui a écrit ou fait écrire par avance ses dernières volontés et qui a plié ou enroulé le papyrus qui les contient jusqu'au bas de l'écriture, les présente à sept témoins, en leur déclarant que c'est là son testament ; devant eux il trace sa souscription au bas du dispositif, c'est-à-dire sur la partie non enroulée des tablettes, et il les prie d'apposer au même endroit leur souscription et leur cachet. S'il ne sait ou ne peut signer, on mande un huitième témoin, qui signe pour lui. Le tout se fait sans désemparer, *uno eodemque die ac tempore* (C., L. 21, de test.).

L'acte une fois souscrit peut évidemment, comme dans le testament prétorien, se mettre sous une enveloppe, qui reçoit alors l'empreinte des cachets, Il peut aussi recevoir les cachets sur son revers.

Une annotation, *adscriptio*, accompagne toujours l'image imprimée par l'anneau des témoins. Et il n'y a pas à la confondre avec la *subscriptio*, qui est le tracé du nom au bas de l'écrit (*sub* scribere).

L'unité d'action ou de contexte consiste à ne pas interrompre les diverses formalités qui s'accomplissent depuis la présentation jusqu'aux *adscriptiones*, pour s'occuper d'une chose étrangère : *Est uno contextu testari nullum actum alienum testamento intermiscere* (D., L. 21, § ult., qui test. fac. p.). Une courte interruption, occasionnée par une nécessité pressante chez le testateur ou chez l'un des témoins, n'annulerait pas l'acte : *Si quid autem necessarium evenerit et ipsum corpus laborantis respiciens contigerit; id est vel victus necessarii vel potionis oblatio, vel medicamentis datio vel impositio, quibus relictis ipsa sanitas testatoris periclitetur, vel si qui necessarius naturæ usus ad depositionem superflui ponderis immineat vel testatori vel testibus; non esse ex hac causa testamentum subvertendum* (C., L. 28, de test.).

Un homme complétement illettré pouvait-il tester dans la forme tripartite ? je le crois. Ces mots de la loi hac consultissima : *quod si litteras testator ignoret*, le démontrent. Justinien fit à cet endroit quelques changements. Il décida que si le testateur écrit lui-même ses volontés, il n'est pas obligé de les souscrire ni de les faire souscrire par un huitième témoin (C., L. 28, § 1, de test.). L'année suivante, il ordonna que le nom de l'institué fût toujours tracé de la main du disposant soit dans le corps de l'acte, soit auprès de sa *subscriptio*, et que, s'il était illettré, il indiquât ce nom tout haut et le fît écrire par les témoins (C., L. 20, de test.). Plus tard l'empereur supprima cette exigence dans sa novelle 119, ch. IX.

Le testament peut être écrit sur n'importe quelle matière, bois, papyrus, parchemin, tablettes de cire.

— Tout ce qui a été dit sur la capacité des témoins du testament *per æs et libram* est applicable au testament tripartit (voir I., §§ 6 et s., de test. ord.). Cependant l'héritier ne peut plus être témoin, ni ceux qui lui sont unis par un lien de puissance, *quia totum hoc negotium hodie inter testatorem et heredem agi creditur*. On aurait dû rejeter également le témoignage des légataires et fidéicommissaires, car ils sont parties intéressées à l'acte. Les hérétiques, les apostats et les gens mal famés ne peuvent plus figurer aux testaments (C., L. 4, de hæreticis; L. 3, de apostatis; nov. 90, ch. I).

— Le testament tripartit tient du droit civil par l'unité d'action et la présence des témoins, du droit prétorien par le nombre des témoins et l'apposition des cachets, et enfin des Constitutions impériales ou de la Coutume par la formalité de la *subscriptio*.

SECTION III.

FORMES INTERNES DES TESTAMENTS.

Outre les formalités visibles, sensibles dont nous avons parlé, il est deux clauses qui, bien que réglées par des règles de fond, sont astreintes à un formalisme subtil. Nous avons donc à en faire mention. Les commentateurs,

et spécialement Pothier, les appellent formalités *internes.*
Ce sont l'institution d'héritier et l'exhérédation des enfants.

§ 1.

De l'institution d'héritier.

— L'institution d'héritier, ou la désignation de celui qui
sera le continuateur de la personne juridique du testateur,
est la base du testament : *Caput et fundamentum in-
telligitur totius testamenti* (Gaïus, comm. II, § 229).
Le testateur met, dans sa maison, une personne qui sera
chargée d'exécuter ses volontés et d'acquitter ses dettes,
mais qui, bien entendu, deviendra propriétaire du patrimoine délaissé.

— Quelles sont les qualités nécessaires pour être héritier ?
les conditions, les modalités de l'institution ? comment se
distribuera l'hérédité ? sont autant de questions qui se rattachent au fond du testament, et nous n'avons pas du tout
à les examiner.

— Nous avons à voir en quels termes la phrase contenant l'institution doit se faire pour être grammaticalement
et logiquement valable.

Il faut que l'institution soit *solennelle*, c'est-à-dire
qu'elle soit impérative et rédigée sous la forme d'une loi :
*Ante omnia requirendum est an institutio heredis
solemni more facta sit* (Gaïus, II, 116). On employait
surtout cette formule : *Titius heres esto* ou *sit.* On tolé-
rait celle-ci : *Titium heredem esse jubeo.* Mais on ré-
prouvait les suivantes : *Heredem instituo, heredem
facio* (Ib., et Ulp., R., t. XXI), par lesquelles on semble
plutôt faire un récit que donner un ordre. L'institution

non conçue en termes impératifs est radicalement nulle et le testament est *pro non scripto*. C'est là évidemment un vestige du testament *calatis comitiis*.

Les jurisconsultes se montrèrent aussi larges que possible au milieu de ces étroites barrières. Ainsi le testateur a-t-il oublié un mot de la formule, on regarde l'institution comme valable : *Si autem sic scribat,* Lucius heres, *licet non adjecerit* esto, *credimus plus nuncupatum, minus scriptum ; et si ita,* Lucius esto, *tantumdem dicimus* (D., L. 1, § 5, de her. inst.). *Quid* si on avait mis simplement *Lucius...?* Marcellus ne pensait pas que cela pût suffire (D., ib.) ; mais son avis ne prévalut pas, et Dioclétien et Maximin sanctionnèrent expressément l'opinion opposée (L. 7, C., de test.) ; Antonin le Pieux l'avait du reste déjà fait, au moins pour le cas où il y avait plusieurs institutions (D., L. 1, de her. inst.). Ulpien, contrairement au sentiment de Julien, pense que cette formule : *Illum heredem esse,* est valable, *jubeo* ayant été omis par erreur (ibid.).

Outre la solennité des paroles, il faut que l'institution soit mise en tête de l'acte ; autrement les legs et affranchissements qui la précèdent sont nuls : *Qui testatur, ab heredis institutione plerumque debet initium facere testamenti* (D., L. 1, de her. inst.)... *Ante heredis institutionem legari non potest, quoniam et potestas testamenti ab heredis institutione incipit* (Ulp., reg., t. 24, § 15). Nouveau souvenir des temps primitifs : il faut avoir un héritier avant de pouvoir lui donner des ordres.

L'institution suffit à elle seule pour constituer un testament ; de sorte que, si vous n'avez pas d'enfants à exhéréder et que vous n'ayez aucun legs à faire, vous pouvez tester en cinq mots : *Lucius Titius mihi heres esto*, et même en trois mots : *Lucius heres esto*, car *mihi* et *Titius* peuvent être retranchés sans nuire à la clarté (D., L, 1, § 3, de her. inst.).

Plus tard (an † 339), Constantin II, fils de Constantin le Grand, supprima complétement la *subtilitas* des formules. Dès lors aucun terme sacramentel ne fut exigé pour la validité de l'institution (L. 15, C., de test.); et Justinien permit de mettre l'institution à un endroit quelconque du testament (I., § 35, de legatis).

§ 2.

De l'exhérédation des enfants.

— L'exhérédation des enfants est nécessaire dans certains cas pour que le testament ne soit pas nul. Elle n'est bien qu'une simple formalité, une barrière de pure fantaisie et presque ridicule opposée à la liberté du père, puisque par elle-même elle ne l'empêche pas de tester au profit des étrangers et au détriment de ses fils. Nous en dirons donc quelques mots.

Les enfants qui sont sous la puissance de leur père sont copropriétaires avec lui des biens composant son patrimoine : *Etiam vivo patre quodammodo domini existimantur... Post mortem patris non hereditatem percipere videntur, sed magis liberam bonorum administrationem consequuntur* (D., L. 11, de liberis et post.). Gaïus (comm. II, § 157) et Justinien (I., § 2, de hered. qual. et diff.) posent le même principe. D'un autre côté, le chef de la famille à la disposition absolue de tous

ses biens , même de ceux qui lui ont été acquis *per
filios*, comme il a la disposition de la personne de ses enfants. Tel est le droit civil dans sa rigueur primitive. Mais
les mœurs ont changé au contact fréquent des étrangers,
et le droit tend à s'humaniser. Les jurisconsultes , en-
traînés par le courant populaire, ou subissant tout les premiers l'influence de la civilisation , trouvèrent injuste et
contraire au principe de copropriété cette pleine liberté
de tester laissée au *paterfamilias* , et comme premier
obstacle, en attendant la théorie de la *querela inoffi-
ciosi*, ils lui imposèrent la nécessité d'exhéréder ou d'instituer ses héritiers siens ; s'il ne les institue pas, qu'il ait
au moins le courage de le dire !

La théorie de l'exhérédation s'applique exclusivement
aux enfants investis de la qualité de *sui heredes*, qu'ils
proviennent *ex justis nuptiis, ex adoptionibus* ou *ex
legitimatione*.

Le testateur qui a sous sa puissance un enfant mâle au
premier degré, un *filius*, est tenu de l'instituer ou de l'exhéréder *nominatim* ; sinon, il ne fait rien de valable :
*Ex suis heredibus filius quidem neque heres institu-
tus neque nominatim exheredatus non patitur valere
testamentum* (Ulp., XXII, § 16).

La formule de l'exhérédation nominative est celle-ci :
Titius filius meus exheres esto ; ou si le disposant n'a
qu'un fils : *Filius meus exheres esto* (Gaïus, II, § 123;
I., de exher. lib.).

Ainsi, quand un fils est passé sous silence, le testament
est *injustum ;* il est nul pour vice de forme, nul dès l'origine et pour toujours ! Un legs, un fidéicommis adressé au
filius ne sauverait pas l'acte de sa nullité radicale.

Le testament reste nul, même si le fils qui a été omis décède avant son père. Gaïus (II , 123) nous révèle que cette doctrine, qui était celle des Sabiniens, n'a pas triomphé sans peine. Elle s'appuie sur une règle fondamentale du droit civil en matière de testament : *quod nullum est nullo tempore convalescere potest.* Les Proculéiens subordonnaient la nullité à la survie du fils, et sans doute aussi au maintien de sa capacité ; mais leur système, bien qu'il semblât répondre à la préférence des Romains pour la succession testamentaire, ne fut pas admis. Du temps de Paul, la pratique avait définitivement donné raison aux Sabiniens : *Si filius, qui in potestate est, præteritus sit, et vivo patre decedat, testamentum non valet, nec superius rumpitur ; et eo jure utimur* (D., L. 7, de liberis et post.).

A l'omission du fils on assimile une institution irrégulière. Un père n'institue pas son fils *nominatim* ou l'institue conditionnellement, le testament est *injustum.* Supposez en effet que l'institution soit conditionnelle et que le *filius* ayant survécu au testateur vienne à mourir *pendente adhuc conditione*, il se trouve que le fils n'a été de son vivant ni institué ni exhérédé. La jurisprudence admet cependant que l'institution du fils peut être faite sous une condition potestative de sa part (Ulp., D., L. 4, de her. inst.).

L'exhérédation des petits-fils, des filles, de la femme *in manu* du testateur et de sa bru, qui est *in manu*, s'établit par la formule *inter cæteros*, ainsi conçue : *Titius filius meus et cæteri exheredes sunto.* Nous n'insisterons pas sur ce point qui n'entre pas précisément dans notre sujet, car la prétérition des personnes dont l'exhérédation a lieu *inter cæteros* n'engendre pas de nullité (Gaïus, II, 126) et ne fait qu'enlever aux institués soit une part virile, s'ils sont *sui heredes*, soit la moitié de l'hérédité, si ce sont des *extranei* (Ulp., R. 22-17 ; I., de exh. lib.).

Cette différence entre l'exhérédation des fils et celle des petits-fils, filles et brus provient de ce que le lien de puissance unissant ceux-ci à leur chef est considéré comme moins fort que le lien qui unit ceux-là.

— Nous n'avons pas à nous occuper de l'omission ou de l'institution des *posthumes*, car c'est là une question de rupture du testament et non de nullité dès l'origine. Nous ne nous préoccuperons pas non plus des extensions du droit prétorien, puisque l'omission de ceux dont le Préteur est venu exiger aussi ou l'institution ou l'exhérédation ne rend pas l'acte nul *ab initio*, mais l'expose simplement, après le décès du testateur, à la *bonorum possessio contra tabulas*.

—Justinien, considérant sans doute qu'aux yeux d'un père de famille tous ses enfants doivent être égaux, décida (I., de exh. lib.) que l'exhérédation serait faite *nominatim* dans tous les cas possibles, quels que soit le sexe et le degré de l'enfant, qu'il soit resté en puissance ou qu'il ait été émancipé ou donné en adoption.

— Un testament valable contient nécessairement une institution et quelquefois une exhérédation. Il peut contenir en outre des substitutions, des legs, des fidéicommis, des affranchissements, des dations de tuteurs, des assignations d'affranchis ; clauses dont le développement n'est pas de notre sujet, l'institution à elle seule formant un testament parfait.

CHAPITRE II.

FORME DE QUELQUES TESTAMENTS SPÉCIAUX.

SECTION PREMIÈRE.

TESTAMENT DU PUPILLE, — OU SUBSTITUTION PUPILLAIRE.

— A une époque qu'on ne saurait déterminer, il s'introduisit à Rome l'usage de faire le testament des enfants impubères qu'on avait sous sa puissance, dans la crainte que, devenus *sui juris*, ils ne mourussent avant d'avoir atteint l'âge requis pour tester : *Moribus institutum est ut, cum ejus ætatis filii sint in qua ipsi sibi testamentum facere non possunt, parentes eis faciant* (I., de pup. subst. proœm.). Ce dont nous sommes sûrs, c'est que la substitution pupillaire était pratiquée du temps de Cicéron (voir *De Oratore*, I, 39). Pour quelle raison fut-elle inventée, je ne le sais pas au juste. Est-ce parce que les Romains avaient une prédilection marquée pour la succession testamentaire ? est-ce parce qu'ils redoutaient la *bonorum venditio* judiciaire, au nom de leurs enfants impubères ? est-ce parce qu'ils redoutaient la cupidité des agnats, qui, pour appréhender l'hérédité, auraient pu faire disparaître un jeune enfant confié à leur tutelle ? Chacune de ces hypothèses me semble admissible, mais la dernière encore plus que les deux autres.

Le droit de faire une substitution pupillaire est un dérivé de la toute-puissance paternelle, et s'exerce même en faveur des enfants que le père déshérite. Mais le chef de famille ne peut tester pour ses fils qu'autant qu'il teste pour lui-même : *Liberis autem suis testamentum nemo facere potest nisi et sibi faciat* (I., § 5, de pup. s.).

— La substitution pupillaire est une clause accessoire qu'un père de famille ajoute à son propre testament, et par laquelle il indique un héritier à son fils. C'est une institution qui vient après, *au-dessous* d'une première institution, et qui pour cela s'appelle *substitutio*.

Bien qu'il y ait là deux institutions d'héritier, il ne faut y voir en réalité qu'un seul testament : *Pupillare testamentum pars et sequela est paterni testamenti* (ib.)... *Patris et filii testamentum pro uno habetur* (D., L. 20, de vulg.). De sorte que, si le testament paternel demeure inefficace pour quelque cause que ce soit, la substitution s'évanouit (D., L. 10, § 4, de vulg.; I., § 5, de pup.).

— La substitution peut être faite soit dans le testament du père, soit dans un acte séparé.

Quand elle est établie dans le testament du père, elle ne peut être mise avant l'institution principale : *Prius autem sibi quis debet heredem scribere, deinde filio substituere et non convertere ordinem scripturæ* (D., L. 2, § 4, de vulg. et pup. subs.). Cependant, dans certains cas cités par le Digeste, l'interversion n'occasionne pas de nullité : *Si filius meus intra annum decesserit, Seius heres esto ; filius heres esto... Si filius mihi heres non erit, Seius heres esto; filius heres esto* (L. 2, §§ 5 et 6, ib.). — Quand elle est établie au bas du testament paternel, elle est valable sans que les signatures et les cachets des témoins soient apposés une seconde fois (L. 20, § 1, ib.). Il faut, sans doute, dans ce cas, qu'il apparaisse clairement que la disposition secondaire a été dressée *uno contextu*.

Elle peut être faite dans un acte postérieur séparé et d'une forme différente : *Si uno testamento perfecto alia rursus hora pater filio testamentum fecerit adhibitis legitimis testibus, nihilominus id valebit* (D., L. 10, § 1, ib.)... *Si pater sibi per scripturam, filio per nuncupationem, vel contra, fecerit testamentum, valebit* (L. 20, § 1, ib.). Elle n'a aucune valeur si l'acte qui la contient est antérieur au testament paternel : *Liberis autem suis testamentum nemo facere potest nisi et sibi faciat* (I., § 5, de pup.).

— Elle s'évanouit si l'enfant arrivé à l'âge de puberté est *paterfamilias*.

— On substitue à un impubère en ces termes : *Titius heres esto*, ou généralement : *quisquis mihi heres erit* (I., § 7, ib.). Ce ne sont là que des exemples donnés par Justinien : les formules de substitutions varient suivant les cas et les espèces.

— Le père de famille, qui n'accorde pas une confiance absolue à l'héritier qu'il institue pour son fils, a un moyen facile de prévenir tout danger : écrire l'institution pupillaire à la fin de l'acte, clore et cacheter cette dernière partie, avertir dans la première qu'il a nommé un héritier à son fils et ordonner que les tablettes inférieures ne soient ouvertes qu'après la mort du pupille. L'usage était, du reste, de cacheter les substitutions.

SECTION II.

TESTAMENT DE L'INSENSÉ, OU SUBSTITUTION QUASI-PUPILLAIRE.

— Il diffère peu du précédent. Justinien, qui en est le créateur, autorise les ascendants qui testent pour leur compte personnel à faire le testament de leurs fils, petits-fils et autres descendants pubères, tombés en démence.

La forme et les principes sont les mêmes que dans la substitution pupillaire, sauf en deux points : 1° la qualité d'ascendant est à elle seule attributive du droit de tester pour le *mente captus;* pas n'est besoin d'avoir celui-ci en puissance ; 2° le choix des institués n'est pas illimité.

Ce testament tombe dès que l'insensé a recouvré la raison.

— Avant la constitution de Justinien, on ne pouvait substituer à son fils en démence qu'après avoir obtenu un rescrit du prince (D., L. 43, de vulg. et pup., proœ.). Nous savons aussi que le *furiosus* avait le droit de tester lui-même dans ses intervalles lucides (D., LL. 17 et 20 § 4, qui test. fac. poss.; C., L. 9, qui test. fac. p.).

SECTION III.

PARTAGE TESTAMENTAIRE *inter liberos.*

— Anciennement la jurisprudence regardait déjà d'un œil favorable les dispositions adressées aux héritiers *ab*

4

intestat, bien qu'elles fussent incorrectes sous le rapport de la forme (D., L. 2, de injusto test.). On commençait à comprendre que les liens de la nature et du sang ont quelque chose de sacré, que la position des cognats est digne d'intérêt et que, d'un autre côté, les sages volontés du père de famille sont souverainement respectables, quoique dépourvues de certaines formalités légales. Le droit s'humanisait, se spiritualisait. Il fit dans cette voie de sensibles progrès, sous l'influence sans doute des doctrines du christianisme. Le partage des ascendants fut spécialement favorisé.

— La division de ses biens qu'un père de famille opère entre tous ses enfants émancipés ou non, dans un testament imparfait, est parfaitement valable, et si à ce sujet il s'élève une contestation, le juge est tenu, en vertu des constitutions impériales, de sanctionner les décisions de l'ascendant (C., L. 16 et 26, fam. erc.).

— Justinien, dans la novelle 107, réglemente la forme du testament-partage *inter liberos*. Il veut, pour qu'un tel partage reçoive exécution, que le chef de famille écrive de sa main, et en toutes lettres, la date de l'acte, le nom de ses fils et les quotes-parts ou les objets qu'il leur destine; ou bien que l'acte de son partage soit signé en sa présence par tous ses enfants.

S'il n'est fait ni legs ni fidéicommis à des étrangers, aucun témoin ne me paraît nécessaire, car la novelle 107 renferme sur le point qu'elle traite un système complet, une dérogation absolue au droit commun.

SECTION IV.

TESTAMENT DES *rustici*.

— Dans les campagnes, l'ignorance des lettres et du droit avait introduit différents modes de testament plus ou moins conformes aux types exigés par la loi générale. Justinien, s'intéressant charitablement aux gens que les travaux des champs retiennent éloignés des sources de l'instruction, déclare qu'il reconnaît et consacre les us et coutumes qu'ils ont suivis pour la confection de leurs testaments. Et il leur permet, dans les endroits où il sera difficile d'en trouver davantage, d'appeler cinq témoins lettrés au lieu de sept, qui souscriront l'acte; et il leur accorde même la faculté, s'ils ne peuvent mieux faire, de mander seulement un ou deux hommes instruits, qui signeront tant pour eux que pour les autres témoins (C., L. 31, de test.).

Remarquons que, pour plus de facilité encore dans la confection du testament rustique, l'empereur ne réclame aucune apposition de cachet.

SECTION V.

TESTAMENT DE L'AVEUGLE.

— Il se faisait autrefois en la forme nuncupative ordinaire. L'empereur Justinien l'entoura de formalités nouvelles.

Voici, d'après une constitution de ce prince, insérée au Code (L. 8, qui test. fac. p.), comment l'acte se passe :

l'aveugle, après avoir réuni devant lui sept témoins et un tabulaire ou tabellion, leur explique pourquoi il les a convoqués ; puis il leur désigne individuellement ses futurs héritiers par leurs noms, qualités et dignités, de manière à éviter toute confusion, et la quote-part exacte qu'il attribue à chacun d'eux dans son hérédité. Cette nuncupation est prononcée *uno eodemque loco et tempore ;* et l'écrivain public la transcrit de sa main sous les yeux des témoins. L'écrit est signé et scellé par le tabulaire et les témoins. — Si l'aveugle a fait rédiger d'avance ses dispositions, il les présente aux témoins et au tabellion ; celui-ci lui en fait la lecture à haute voix, en présence des témoins ; le testateur déclare que ce sont bien ses dernières volontés ; les huit personnes convoquées y apposent leur seing et leur cachet. — Le rôle du tabulaire, quand dans la contrée il n'est pas facile d'en avoir, est rempli par un huitième témoin.

Les codicilles de l'aveugle se dressent comme son testament, avec les mêmes formalités.

SECTION VI.

TESTAMENT DES SOURDS ET MUETS.

— L'homme qui a perdu l'usage de l'ouïe et de la voix peut tester en écrivant lui-même ses dispositions. A *fortiori* le mutisme sans surdité ne détruit-il pas la *factio testamenti ;* mais le simple muet, comme le sourd-muet, est tenu d'écrire ses volontés (C., L. 10, qui test. fac. p.).

Dans l'une et l'autre hypothèse la présence des témoins me paraît nécessaire ; car la dérogation aux principes

généraux établie par Justinien est restrictive, et aucun
mot du texte n'autorise le muet à rédiger seul son testament.

Nous n'avons pas parlé du sourd-muet de naissance, à
qui toute faction de testament est refusée.

Il va sans dire que le sourd non muet a la capacité de
tester soit par la forme nuncupative, soit dans la forme
tripartite.

SECTION VII.

TESTAMENT DU PESTIFÉRÉ.

— En temps de peste, le testament des malades se fait
selon les règles du droit commun, sauf une seule exception. Les témoins ne sont pas obligés de se rassembler
autour du testateur et de rester là, avec lui, jusqu'au
complet accomplissement des formalités. Chacun d'eux
séparément se rend près de lui, écoute ou signe ses dispositions et s'en va!... De cette façon, ils ont moins à
redouter le mal contagieux (C., L. 8, de test.).

SECTION VIII.

TESTAMENT MILITAIRE.

— Le testament militaire n'est pas, ainsi qu'on pourrait
le croire de prime abord, un acte identique au testament
in procinctu. Celui-ci était de droit commun, comme le
testament *calatis;* il avait été créé pour tous les membres
de la cité, qui tous étaient soldats. Celui-là n'a été créé
que pour une classe de citoyens; il était une faveur, une
flatterie adressée au parti militaire, car dans les guerres

civiles qui ont précédé et amené l'empire il n'y avait plus
probablement de levées d'hommes régulières et chaque
chef de faction recrutait ses soldats et ses séides partout
où il le pouvait.

Le testament militaire fut inventé par Jules César et
n'eut à l'origine qu'un caractère provisoire : *Militibus
liberam testamenti factionem primus quidem divus
Julius Cæsar concessit ; sed ea concessio temporalis
erat* (Ulpien, D., L. 1, de test. mil.).

Quoique le texte d'Ulpien ne me le dise pas, je suis convaincu que le fils adoptif de César favorisa plus que tout
autre prince le développement du testament militaire.
Ambitieux et rusé, Auguste veut arriver à régner en
maître absolu sur un peuple soumis et quasi-esclave. Voyez
comment il s'y prend : il dispense les citoyens d'entrer au
service de l'État; il leur enlève leurs armes, leurs habitudes militaires, le reste de leurs sentiments belliqueux et
tout à la fois la possibilité de se révolter ; il donne à la
populace du pain et des spectacles ; et puis, avec de l'or
et l'appât du butin, il se procure des cohortes et des
légions qui lui seront dévouées et qui au besoin tiendront
les populations en respect. Évidemment, pour s'attacher
davantage l'armée, l'empereur dut lui prodiguer toutes les
faveurs possibles, et il ne négligea pas de lui laisser la
plus grande facilité de tester.

Titus et Domitien renouvelèrent la concession du testament privilégié par excellence. Nerva et Trajan la ren-
dirent définitive et perpétuelle.

— Pour tester, les militaires sont dispensés de l'observation de toutes formalités : *Faciant testamenta quomodo
volent, faciant quomodo poterint, sufficiatque ad*

bonorum suorum divisionem faciendam nuda vo-
luntas testatoris (D., L. 1, de test. mil.).

De ce principe on a extrait des conséquences multiples
et variées. — Le militaire a le droit de tester verbalement
devant un seul témoin ou par un simple écrit de sa main,
sans aucun témoignage et sans apposition de son cachet
ou de sa souscription. On connaît l'exemple élégant donné
par Constantin : un soldat peut tester avec son sang sur
son bouclier ou dans la poussière avec la pointe de son
épée (C., L. 15, de test. m.)... Avant d'aller au service,
un Romain avait fait des dispositions nulles ; elles deviennent valables s'il y ajoute quoi que ce soit (L. 20, ib.); il
est censé alors les avoir relues et recommencées. Il est
probable même qu'elles deviennent valables *ipso facto*,
sans que le soldat soit obligé d'y toucher (Ulpien, L. 15,
§ 2, de test. m.)... Il peut avoir plusieurs testaments ou ne
tester que sur une partie de son patrimoine (D., LL. 19
et 39, de test. m.)... Sans institution d'héritier, sans aucune
exhérédation des enfants, ses volontés particulières ont
force de loi : un simple codicille est pour lui un testament...
Il n'a pas besoin de tester pour son propre compte quand
il veut faire une substitution pupillaire... Il peut tester
par gestes et par signes.

Cette volonté, qui, toute seule, non revêtue de solennités et toute nue, est un testament, doit évidemment être
très-sérieuse ; et la recommandation insérée au Digeste
(L. 24, de test. m.) de ne pas regarder comme un testament ces paroles qui viendraient sur les lèvres d'un militaire dans une conversation insignifiante: « Je te fais mon
héritier ; je te laisserai ma fortune, » est elle-même insignifiante et superflue.

Pour tester militairement, il faut être immatriculé sur les registres de l'armée, *in numeros relati* (D., 42, ib.). Ceux qui changent de corps, bien que rayés d'un cadre ils ne soient pas encore inscrits dans un autre, ne cessent pas de jouir des priviléges militaires. Mais ceux qui sont restés dans le camp après avoir perdu leur caractère de soldat n'ont pas le droit de tester militairement (L. 20, ib.). Nous savons que ceux qui vivent à la suite des armées jouissent des mêmes avantages (D., de bon. poss. ex test. mil.).

L'armée de mer est assimilée à l'armée de terre (ib.).

Avant Justinien, du moment qu'un citoyen était soldat, il avait la faculté de tester dans la forme privilégiée, qu'il fût ou non en campagne. Ceci me paraît résulter de l'antithèse qu'on rencontre fréquemment dans les textes entre *milites* et *pagani* (Gaïus, II, § 106; D., L. 9, § 1, de test. m.). Depuis cet empereur, c'est seulement quand ils sont en expédition que les militaires peuvent faire leur testament sans observer les formes du testament paganique (I., de mil. test.).

Le testament militaire perd sa force et devient nul si l'ex-soldat vit un an après son congé; s'il meurt auparavant, son testament est valable, bien que l'institution dépende d'une condition qui se réalisera plus tard (D., L. 38, prœm., de test. m.). Le laps d'un an est accordé pour que les vétérans aient la facilité de recommencer leurs dispositions en employant les formes du droit civil. Il n'est octroyé qu'à ceux qui sont sortis honorablement de l'armée (L. 26, ib.), et à ceux qui sont régulièrement et à proprement parler licenciés, et non aux préfets, aux tribuns et autres, *qui successoribus acceptis militare desinunt* (L. 21, ib.).

APPENDICE.

FORME DES CODICILLES.

— Rigoureusement nous n'aurions pas à traiter de la forme des codicilles, qui sont des actes de dernières volontés bien différents du testament. Ils sont, en effet, essentiellement exclusifs de l'institution d'héritier, et se font sans aucune solennité. Le testament, au contraire, est toujours entouré de formes solennelles, et s'écroulerait si l'institution d'héritier, qui en est la base et le fondement, n'était pas solidement établie. Mais, comme bien souvent les codicilles se rencontrent avec le testament, et qu'alors ils en sont une suite, un appendice, il est permis d'en dire quelques mots.

Faire son testament et réunir dans ce but sept personnes ayant la *factio testamenti* n'était pas toujours chose facile, par exemple dans un voyage sur mer ou en pays étranger. Il y avait impossibilité d'ajouter une clause à son testament sans le recommencer; et si l'on avait la moindre libéralité à adresser à quelqu'un, il fallait instituer ses propres héritiers *ab intestat!*... Un mode de disposer tout particulier, obviant à ces inconvénients, fut inventé par Lentulus, ami d'Auguste. Il consiste en un simple écrit privé, contenant prière à l'héritier institué, ou aux héritiers *ab intestat*, ou à un légataire, d'exécuter telle ou telle intention (D., L. 8, de jure cod.; I., § 1, de cod.). Cette origine est racontée avec des détails curieux dans les Instituts de Justinien.

Dans le principe le codicille ne contenait que des fidéicommis, et partant n'avait rien d'obligatoire. Mais comme l'empereur Auguste trouva l'institution fort utile, il créa un Préteur chargé spécialement de faire exécuter les fidéicommis.

La jurisprudence développa ensuite les effets du codicille. Elle distingua l'hypothèse où le disposant laisse un testament et celle où il n'en laisse pas.

S'il existe un testament, les codicilles antérieurs ou postérieurs s'y rattachent comme l'accessoire au principal et tiennent de lui toute leur vertu : *Testamento facto, etiam si codicilli in eo confirmati non essent, vires tamen ex eo capiunt... Testamento autem facto, jus sequuntur ejus* (D., L. 3, § 2, et L. 16, de jure cod.). La raison en est sans doute que, dans ce cas, le fidéicommis n'est adressé qu'à l'institué. — Les codicilles expressément confirmés par le testament s'incorporent en quelque sorte à la disposition principale : *Quæcumque in his scribentur perinde haberentur ac si in testamento scripta essent* (D., L. 2, § 2, de jure cod.). Ils peuvent contenir des legs, des affranchissements directs, des dations de tuteurs (D., L. 43, de manumissis testamento ; L. 3, de testamentaria tutela). Il y a ratification expresse quand celui qui teste explique qu'il veut que les codicilles qu'il a déjà écrits ou ceux qu'il écrira dans la suite soient exécutés. Il y a ratification tacite quand le testament postérieur aux codicilles n'y fait aucune allusion, pourvu qu'il ne contienne rien qui leur soit contraire (I., de cod., § 1) ; et il est généralement enseigné qu'alors le codicille ne porte dans ses plis qu'un fidéicommis.

Par une extension donnée au droit codicillaire, il est permis d'adresser un codicille à ses héritiers *ab intestat* (I., § 1, de cod.). Dans cette hypothèse, on a un codicille non confirmé. Un autre codicille non confirmé est celui qui est écrit postérieurement au testament où il n'a pas été ratifié *in futurum*. Et ces deux espèces de codicilles ne renferment que des fidéicommis.

Justinien ayant assimilé complétement le fidéicommis et le legs, tous les codicilles, *ab intestat* ou testamentaires, confirmés ou non, peuvent, depuis cet empereur, contenir des legs.

Ils n'ont jamais contenu l'institution d'héritier, ni les modalités de l'institution, *ne confundatur jus testamentorum et codicillorum* (I., § 2, de cod.).

Un testament nul pour vice de forme vaut comme codicille, si le testateur l'a ainsi ordonné. Les clauses codicillaires sont, par exemple, celles-ci : *Hoc testamentum volo esse ratum quacumque ratione poterit* (D., L. 29, qui test. fac. p.)... *Volo hoc etiam vice codicillorum valere* (D., L. 3, de test. mil.).

— Aucune solennité ne fut d'abord requise pour la confection des codicilles : *Nullam solemnitatem ordinationis desiderant* (I., § 3, de cod.). Ils étaient écrits le plus souvent, j'imagine, par la main du disposant, mais ils étaient tracés quelquefois par la main d'un tiers : *Et ipsius manu neque scribi neque signari necesse est* (L. 6, de jure cod., D.). Ils pouvaient être faits par lettres missives : « Pater decedens epistolam fideicommissariam ad filium suum scripsit » (D., L. 37, § 3, de legatis et fideic.).

Théodose le Jeune voulut que le codicille, qui n'est pas précédé d'un testament, fût rédigé en présence de cinq témoins et souscrit par eux (C., L. ult., de cod.). Il détruisit par là le principal avantage de l'institution des codicilles.

— Le codicille (*codicillus*, diminutif de *codex*) suppose, comme son étymologie l'indique, l'emploi de petites tablettes. Il se fit toujours par écrit. Les fidéicommis, qui se faisaient verbalement ou par signes, ne furent jamais des codicilles.

DE LA

FORME DES TESTAMENTS

EN DROIT FRANÇAIS.

———

— Cette seconde partie de ma thèse est divisée en deux chapitres. Dans l'un je dirai sommairement ce qu'étaient les testaments en France, sous l'ancien régime. Dans l'autre j'expliquerai les formes actuelles de nos testaments, et je tâcherai de n'omettre aucun détail nécessaire ; sur ce terrain, qui, je crois, n'a pas été jusqu'ici entièrement exploré, je rencontrerai de nombreuses difficultés, dont j'essaierai de donner la solution.

CHAPITRE PREMIER.

DROIT ANCIEN.

— Avant la promulgation du Code qui a introduit l'unité de législation sur tout le territoire, la France était régie dans le Midi par le droit romain, dans le Nord par le droit coutumier.

Portons d'abord nos regards vers le Midi.

SECTION PREMIÈRE.

FORME DES TESTAMENTS DANS LES PROVINCES MÉRIDIONALES.

— J'ignore comment les Anciens Gaulois exprimaient leurs dernières volontés, et je ne suis point tenté d'éclaircir ce point, dans la crainte de le trouver enveloppé de trop de ténèbres.

Quelques années avant l'ère chrétienne, la Gaule, vaincue et soumise par Jules César, ouvrit ses portes au droit romain. Le *jus romanum* n'y entra pas assurément tout d'un coup, car à cette époque ses différentes parties n'étaient pas rassemblées dans un recueil et ne formaient pas un *corpus*. Il y pénétra peu à peu, par fragment, au moyen des édits que publièrent les présidents des provinces et à l'aide des nombreuses colonies romaines qui vinrent s'y installer. Et, ainsi que l'enseigne M. Demangeat (t. I, p. 123), « lorsque les barbares envahirent l'empire d'Occident, au ve siècle, ils y trouvèrent des populations romaines par le droit comme par la langue. »

C'est surtout au commencement du vi^e siècle que le droit romain fut régulièrement appliqué dans le Midi des Gaules et organisé de manière à y pousser de profondes racines. Les rois barbares qui y régnaient n'avaient pas imposé aux vaincus la législation germanique. Alaric II, roi des Visigoths, et Sigismond, roi des Burgondes, firent rédiger chacun un recueil de lois romaines pour leurs sujets gallo-romains : l'un, en 507, le Bréviaire d'Alaric; l'autre, en 017, le Papien. Le *Breviarium Alari-*

cianum renferme le Code Théodosien et divers extraits des livres de Justinien. Le Papien semble avoir été puisé aux mêmes sources.

Enfin, au xiie siècle, le droit de Justinien, professé à Bologne avec éclat, et généralement étudié en Europe, fut accepté avec enthousiasme dans tout le midi de la France.

Ainsi ce sont les formes du droit romain qui ont régi le testament dans nos contrées méridionales pendant près de dix-huit siècles. Seulement, l'usage et les ordonnances y apportèrent certaines modifications dont il convient de parler.

— On prit l'habitude, pour échapper au danger qu'offre la fragilité de la mémoire et de la bonne foi, de faire constater par un tabellion, dans un acte authentique, les dispositions qu'on exprimait devant sept témoins. Et ce mode de tester, qui n'était au fond que le testament verbal, s'appela *testament nuncupatif écrit.* Furgole prétend que l'invention de l'écrit, dans ce cas, est d'origine française; mais je suis porté à croire qu'elle a sa source à Rome plutôt qu'en France. — Quant à la forme nuncupative pure, elle fut à peu près abrogée par l'ordonnance de Moulins de 1667, qui rejeta la preuve testimoniale pour les valeurs excédant 100 livres.

L'ordonnance du mois d'août 1735 réglementa la forme des testaments, afin de faire cesser, en cette matière, toute diversité de décisions entre les Parlements qui suivaient les mêmes lois. Ses principaux articles, relatifs au testament tripartit et au testament oral, sont ainsi conçus :

« Art. 1er. Toutes dispositions testamentaires ou à cause de mort, de quelque nature qu'elles soient, seront faites par écrit; déclarons nulles celles qui ne seraient faites que verbalement, et défendons d'en admettre la preuve par témoins, même sous le prétexte de la modicité de la somme dont il aurait été disposé.

» Art. 3. Voulons aussi que les dispositions qui seraient faites par lettres missives soient regardées comme nulles et de nul effet.

» Art. 5. Lorsque le testateur voudra faire un testament nuncupatif écrit, il en prononcera intelligiblement toutes les dispositions, en présence au moins de sept témoins ; y compris le notaire ou tabellion, lequel écrira lesdites dispositions à mesure qu'elles seront prononcées par le testateur; après quoi sera fait lecture du testament entier audit testateur, de laquelle lecture il sera fait mention par ledit notaire ou tabellion, et le testament sera signé par le testateur, ensemble par le notaire ou tabellion et par les autres témoins, le tout de suite et sans divertir à autres actes; et en cas que le testateur déclare qu'il ne sait ou ne peut pas signer, il en sera fait mention.

» Art. 9. Lorsque le testateur voudra faire un testament mystique ou secret, il sera tenu de signer ses dispositions, soit qu'il les ait écrites lui-même ou qu'il les ait fait écrire par un autre; et sera le papier qui contiendra lesdites dispositions, ensemble le papier qui servira d'enveloppe, s'il y en a une, clos et scellé avec les précautions en tel cas requises et accoutumées; le testateur présentera ledit papier, ainsi clos et scellé, à sept témoins au moins, y compris le notaire ou tabellion, ou il le fera clore et sceller en leur présence, et il déclarera que le contenu audit papier est son testament écrit et signé de lui ; ledit notaire ou tabellion en dressera l'acte de suscription, qui sera écrit sur ledit papier ou sur la feuille qui servira d'enveloppe,

et sera ledit acte signé, tant par le testateur que par le
notaire ou tabellion, ensemble par les autres témoins, sans
qu'il soit nécessaire d'y apposer le sceau de chacun des-
dits témoins. Tout ce que dessus sera fait de suite, et sans
divertir à autres actes; et, en cas que le testateur, par
un empêchement survenu depuis la signature du testament, ne puisse signer l'acte de suscription, il sera fait
mention de la déclaration qu'il en aura faite, sans qu'il
soit besoin, dans ce cas, d'augmenter le nombre des
témoins.

» Art. 27, 28 et 29. Les testaments de ceux qui servent dans nos armées pourront être faits… en présence de
deux des officiers ci-après nommés…, et, en cas que le testateur soit malade, en présence d'un des aumôniers de nos
troupes ou des hôpitaux avec deux témoins, et ce encore
que lesdits aumôniers fussent réguliers. — Le testateur
signera… s'il sait ou peut signer… Seront lesdits actes
pareillement signés par celui ou par ceux qui les recevront,
ensemble par les témoins, sans néanmoins qu'il soit nécessaire d'appeler des témoins qui sachent ou peuvent signer.
— Ils seront valables lorsqu'ils seront entièrement écrits,
datés et signés de la main de ceux qui les auront faits. »

Il est un autre mode de disposer qui a été généralement
pratiqué en France et qui a été créé par le droit cano-
nique : *le testament en faveur de la cause pie*, auquel
les jurisconsultes, si on en croit Furgole, ont accordé la
dispense de toute espèce de solennité. Quand il s'agissait de
la cause pie, la seule volonté du testateur, prouvée d'une
manière quelconque, était constitutive de la disposition.
L'ordonnance de 1735 n'en a pas fait mention : elle l'a
tacitement abrogé.

SECTION II.

FORME DES TESTAMENTS DANS LES PROVINCES SEPTENTRIONALES.

— Les monuments de l'histoire et du droit nous apprennent que le nord de la France était régi, avant notre Code, par plus de 800 coutumes locales et par 60 coutumes générales, et qu'on y avait adopté deux modes de tester qui variaient peu d'une localité à une autre : le *testament olographe* et le *testament solennel*.

§ 1.

Du testament olographe.

— L'origine de ce testament me paraît incertaine. Pour avoir une certitude à cet endroit, il faudrait connaître la législation celtique et la législation germanique, et les comparer avec le droit romain, car ces trois éléments ont évidemment concouru à la formation des Coutumes.

Il est permis cependant de croire, avec la généralité des auteurs, que la forme olographe est sortie du droit romain. En effet, ce droit a été en honneur dans le nord de la Gaule comme dans le midi ; et les codicilles et les testaments militaires ont bien pu servir de modèle aux Gallo-Romains. D'ailleurs, le Code Théodosien, publié en Occident l'an 438, a sans doute pénétré dans le nord de la Gaule avant les conquêtes de Clovis (481), et le Code Théodosien admet expressément le testament olographe :

Ut quisquis per holographam scripturam supremum
maluerit ordinare judicium, habeat liberam facul-
tatem... Et si holographa manu testamenta condan-
tur, testes necessarios non putamus (Nov., L. 2, t. 4,
de test.).

Il suffisait, pour la validité de cet acte, qu'il fût écrit en
entier et signé par le testateur.

Une formalité accessoire et extrinsèque était nécessaire
dans le cas où, après avoir écrit ses dernières dispositions,
on voulait entrer en religion : il fallait déposer son acte chez
un notaire. La profession religieuse entraînait avec elle la
perte de toute capacité civile ; mais, en antidatant ses dispositions, le profès aurait pu se soustraire ici aux effets de
la mort civile dont la loi l'avait frappé. Le dépôt du testament parmi les archives d'un tabellion empêchait la
fraude. Il n'y avait que les évêques qui, en devenant réguliers, ne mourussent pas civilement.

L'ordonnance de 1735 (art. 20) exigea qu'une date fût
apposée au testament olographe.

§ 2.

Du testament solennel.

— Il paraît qu'anciennement le testament solennel était
reçu dans les mêmes formes que les contrats. Les tabel-
lions le rédigeaient sur des notes qui leur étaient remises.
Aucune nuncupation n'était nécessaire. Mais les jurisconsultes des pays coutumiers, voyant fonctionner le testament nuncupatif écrit du pays voisin, et comprenant les
avantages qui résultaient de la dictée, conseillèrent sans

doute aux testateurs d'exprimer verbalement leurs volontés et de les faire écrire sous leurs yeux. De là la coutume générale de prononcer ses dispositions à haute et
intelligible voix.

— Le testament solennel était reçu par un notaire
assisté d'un confrère ou de deux témoins.

Les officiers de justice et les officiers municipaux avaient
le droit de recevoir les testaments.

Dans beaucoup de localités, les curés et les vicaires
pouvaient dresser les testaments de leurs paroissiens, et,
dans plusieurs hôpitaux autorisés par lettres patentes, le
chapelain avait qualité pour entendre et consacrer authentiquement les dernières volontés des malades.

C'est à la seule qualité de curé, et non à celle de prêtre,
qu'était attaché le droit de passer les testaments; de sorte
que le prêtre régulier, quoique mort civilement, avait le
pouvoir de dresser un testament quand il administrait
une paroisse soit en qualité de curé titulaire, soit par *in-
térim*.

CHAPITRE II.

DROIT NOUVEAU. — CODE CIVIL.

Ce chapitre est divisé en quatre sections. Dans la première, j'établis des notions générales sur la forme des testaments français ; dans les autres, j'indique la forme particulière de chacun de nos trois modes de tester.

SECTION PREMIÈRE.

PRINCIPES GÉNÉRAUX SUR LA FORME
DE NOS TESTAMENTS.

— Il importe tout d'abord d'examiner avec quel esprit le législateur moderne a réglementé la matière des testaments.

Une lutte avait eu lieu entre les deux classes privilégiées de la nation et le tiers état, traité en esclave et en paria ; et les priviléges, qu'une bonne constitution politique aurait dû enlever à la noblesse et au clergé, venaient de tomber au milieu de tragiques horreurs. La cause du peuple avait triomphé... Je déplore les excès, les crimes qui ont été commis pour le triomphe d'une si juste cause ; car la Révolution de 89, devenue nécessaire, pouvait s'accomplir pacifiquement par de larges et équitables concessions. Quoi qu'il en soit, l'âme du Code, qui a été conçu

dans ces temps-là par de nobles et intelligents plébéiens,
et qui est né peu après sous le nouveau soleil de l'égalité
et de la liberté, est évidemment toute remplie des idées
d'égalité et de liberté.

L'Assemblée constituante, en passant le niveau sur les
priviléges, avait supprimé le droit d'aînesse et les substitutions, et décrété que dans la même famille tous les enfants
seraient égaux, et qu'à l'avenir le patrimoine paternel se
diviserait entre eux en portions égales ! Le Code, lui aussi,
pose comme base fondamentale du système successoral
l'égalité entre les héritiers (art. 745). Il permet cependant
de déroger au partage égal dans une mesure qu'il déter-
mine avec précision. Libéral, intelligent, comprenant les
besoins du cœur, il devait mettre des exceptions à son
grand principe d'égalité. Il est si naturel et si doux de
donner quelque chose à ceux que nous aimons, à ceux qui
nous aiment ! et quoi de plus méprisable que l'égoïsme et
de plus contraire à l'intérêt général ! Ainsi les dispositions
du Code pour le partage des successions sont en quelque
sorte un vaste testament fait par le législateur au nom de
tous les citoyens : nous n'avons le droit de tester que dans
une certaine limite.

—La liberté de disposer étant restreinte, la succession
testamentaire étant une exception à la succession *ab intestat*, il faut, pour que notre testament défère l'hérédité
ou une part de l'hérédité, qu'il soit dressé avec toutes les
solennités et toutes les précautions prescrites par le législateur. Une exception est toujours de droit étroit et n'existe
pas quand elle n'est pas correctement formulée. D'un
autre côté, les formes qui entourent les testaments pro-
tègent le testateur contre les captations et donnent la

certitude que sa volonté a été librement exprimée et fidèlement reproduite ; donc cette certitude manque si les formalités légales n'ont pas été ponctuellement accomplies,
et la décision de la loi l'emporte alors sur la décision de
l'homme.

Nous savons qu'à Rome la volonté de la loi s'inclinait
toujours devant celle du testateur. Les Romains étaient
de véritables souverains dans leur maison et sur leur
famille ; ils ont eu longtemps le droit de vie et de mort
sur leurs enfants et sur leurs esclaves et le droit d'aliéna-
tion absolu de leur patrimoine ; leur testament était une
véritable loi ; et plus tard, quand le despotisme du père
de famille fut réglementé et affaibli, on a continué à regarder son testament comme une loi spéciale contenant
dérogation à la loi générale sur les successions *(specialia
generalibus derogant)*. Chez nous, le testament n'a pas
le caractère législatif, et la puissance paternelle, loin
d'être exercée d'une manière souveraine et arbitraire, est
une sorte de magistrature qui a ses attributs étroitement
limités.

— Les rédacteurs du Code, pour tracer la section
relative à la forme des testaments, sont allés puiser leurs
inspirations dans la lecture de l'ordonnance de 1735. Pour
vous en convaincre, vous n'avez qu'à jeter les yeux sur
les deux textes, dont l'un à certains endroits est copié
littéralement sur l'autre.

— Le testament, d'après le Code, est un acte essentiellement révocable, par lequel nous disposons à titre
gratuit, pour le temps où nous ne serons plus, de tout ou
partie de nos biens (893 et 895 C. civ.).

Il contient la propre pensée, le sentiment personnel du

disposant : *testatio mentis est !* C'est tellement vrai que, dans le langage des jurisconsultes comme dans le langage du monde, « nos volontés..., nos dernières volontés » sont des mots synonymes de « testament ». Or, comme nos pensées, nos sentiments peuvent se modifier jusqu'à notre dernier soupir, nous sommes libres de changer sans cesse le dispositif de notre testament.

Il contient notre pensée personnelle et intime ! Donc il ne peut être fait que par nous-mêmes et jamais par l'organe d'un mandataire.

Il contient notre pensée personnelle ! Aussi, nous le verrons plus loin, tout souffle d'une influence étrangère qui altérerait le moindrement la pureté de notre intention vicierait, corromprait l'acte tout entier.

— La volonté du testateur peut s'exprimer de trois manières : dans un acte olographe, dans un acte public, dans un acte mystique (art. 969).

Le Code, en introduisant l'unité de législation sur toute l'étendue du territoire, a donc permis dans le midi de la France, où il n'était pas pratiqué, l'usage du testament olographe.

— Chacun des trois modes de tester exige un écrit (art. 970, 972, 976). Nous dirons (p. 85) ce qu'on entend par un écrit.

— De ce que l'écriture est de l'essence de nos testaments, il suit que la forme nuncupative, usitée chez les Romains et jadis dans nos provinces méridionales, est aujourd'hui proscrite de notre législation, comme elle l'a été en 1735. La mémoire et la bonne foi des témoins varient et s'altèrent assez souvent ; l'écriture est un témoignage plus sûr, un *criterium* plus solide. Il suit aussi que l'instrument testamentaire doit renfermer dans son sein, dans ses plis, tous les éléments constitutifs de l'acte, car, s'il fallait faire appel aux souvenirs des personnes pour établir un point capital de la disposition, nous aurions alors un testament mi-partie littéral et mi-partie verbal.

— Est-ce à dire que la preuve testimoniale soit toujours inadmissible en matière de testament? Non pas. On l'admet lorsqu'il s'agit, non de créer un élément qui manque, mais d'interpréter un passage obscur. Le testateur dont le domestique, le cousin et un ami portent le nom de Pierre, a dit : « Je donne mon cheval Fringant à Pierre. » On interrogera les circonstances et les témoins pour savoir quel est le véritable légataire. De même qu'il y a lieu de consulter l'usage pour avoir le sens d'un barbarisme ou d'une locution toute locale qui se trouve dans le testament, de même il est permis d'entendre des témoins pour saisir la signification d'une phrase parfaitement française, mais incomplète. Si, après l'enquête, le doute subsiste sur un point essentiel, le testament est nul. Lui attribuer au hasard une signification, ce serait peut-être dénaturer la volonté du défunt, faire la disposition et non l'interpréter.

— Nous avons déjà dit qu'un testament n'existe qu'autant qu'on a employé à sa confection toutes les formalités énumérées dans la loi. Je veux insister sur ce principe essentiel, dont la lumière éclairera plus d'une difficulté sur le terrain que nous avons à parcourir.

Par l'omission d'une seule, de la moindre solennité, le testament demeure imparfait et manqué ; de même qu'un portrait serait manqué si, faute de temps, par distraction ou par ironie, l'artiste avait omis l'un des yeux, ou l'une des oreilles, ou le nez, ou la bouche. La forme du testament est un tout indivisible : si elle pèche par quelque endroit, elle est nulle d'un bout à l'autre, l'acte est inexistant. Et cela se conçoit à merveille. La loi commande en souveraine, et doit être obéie. Dans sa prévoyance, dans sa sagesse, elle dit qu'un testament ne vaudra qu'autant qu'il sera célébré et écrit de telle façon : elle juge sans doute que le rite qu'elle impose est nécessaire pour que la volonté du testateur soit certaine. Qu'importe que nous ne découvrions pas l'utilité de tel ou tel détail ? Notre rôle n'est pas de refaire l'œuvre de la loi, mais d'exécuter ses ordres. Quand dans les textes nous rencontrons des mots qui n'ont pas un sens impératif très-clair, il n'en résulte la nécessité d'aucun fait à accomplir ; pour obéir, il faut comprendre, il faut que l'autorité ait réellement et clairement parlé. Quand au contraire une formalité, quelque petite qu'elle soit, est, de l'avis des meilleurs interprètes, positivement ordonnée, la négliger est un manquement grave qui, en notre matière où tout est de rigueur (art. 1001), enlève à l'acte son efficacité. Ajoutons que l'exécution douteuse, incertaine d'un détail nécessaire équivaut à la non-exécution, car ce qui n'est qu'ébauché et fait à demi n'a pas la valeur de ce qui est parachevé : si vous entreprenez un voyage d'outre-mer, il ne vous suffit pas d'arriver jusqu'au port, il vous faut débarquer.

— Il est certaines énonciations que le législateur n'a pas prescrites expressément, mais que la nature même de l'acte impose à peine de nullité : le nom du testateur, celui du légataire, la désignation de l'objet légué seront établis avec clarté.

— Pour la rédaction en elle-même, une grande latitude est laissée au testateur. Le Code n'impose pas de formules, mais des formalités. Spiritualiste et intelligent, il veut que les pensées soient rendues transparentes et sensibles dans les phrases, et voilà tout (art. 967). Chez nous, rien de sacramentel dans le style, rien de cabalistique dans les mots ! En épluchant et analysant nos textes, nous verrons que les jurisconsultes et les tribunaux admettent largement le système des équipollents.

— Au point de vue littéraire, les principales qualités de l'écrit testamentaire sont la clarté et la précision. Ayons soin d'éviter les expressions dont le sens est douteux ou dont nous ne connaissons pas parfaitement la portée. Évitons surtout les contradictions, le conflit des idées, car tel paragraphe pris isolément est clair et bien libellé, qui peut devenir obscur s'il est rapproché d'un autre paragraphe. De même, des explications diffuses, des redites inutiles, en choquant le bon goût, peuvent jeter un nuage sur le sens général ou sur une partie de l'acte. Les notaires ne sauraient trop s'évertuer à manier la plume avec un certain talent ; leur amour-propre et leur responsabilité de rédacteurs officiels devraient les y engager tous. Une diction, sinon élégante, du moins correcte et châtiée, ne leur messied pas. Malheureusement, il en est qui rédigent leurs actes mécaniquement et avec trop peu de recherche ; emploient des termes démodés et surannés, ou un verbiage méridional ; vous mettent à chaque ligne : « ledit, ladite » ; ne ponctuent jamais, ou ponctuent au hasard de la plume ! Ceux-là, dont le nombre n'est peut-être pas considérable, prouvent cependant que l'institution du notariat est encore perfectible.

Dans notre testament, n'écrivons rien de désagréable pour ceux que nous déshéritons. C'est assez du désappointement qu'ils éprouveront en voyant tomber en d'autres mains ce qu'ils espéraient recueillir. Que tout soit grave et sérieux dans un acte de dernières volontés ! Des quolibets, des injures y seraient-très-déplacées et pourraient être une preuve ou un commencement de preuve de l'insanité du cœur et de l'esprit.

— Deux personnes ne peuvent tester simultanément dans le même acte (art. 968). Les testaments collectifs ou mutuels jadis furent permis, mais donnèrent naissance à de grandes difficultés. L'une des libéralités étant rétractée, l'autre était-elle anéantie du même coup? l'un des disposants étant mort sans changer ses volontés, l'autre pouvait-il ensuite modifier les siennes? Graves controverses que trancha l'ordonnance de 1735, laquelle n'autorisa les testaments conjonctifs que pour le partage des biens fait par les ascendants. Notre art. 968 admet la règle posée par l'ordonnance, mais n'admet pas l'exception, de sorte que le partage de leurs biens de communauté par les père et mère entre leurs enfants ne se réalise aujourd'hui que par donation entre vifs. C'est regrettable. En 1735 on avait mieux gardé la mesure. Il n'y a pas d'influence pernicieuse à craindre de la part de l'un des disposants sur la volonté de l'autre, dans un testament conjonctif dressé par des parents qui donnent ce qu'ils ont à leurs descendants, puisque l'amour et la prévoyance paternels, qui sont dans le cœur de l'un et de l'autre, sont la source d'une pareille disposition.

Le même acte signifie le même contexte. C'est de l'unité intellectuelle de l'acte que dérive la nullité. La simple

unité matérielle n'aurait pas un effet destructif. Vous
écrivez vos volontés sur le recto d'une feuille, et votre ami
écrit les siennes sur le verso : il y a là indivisibilité matérielle de l'instrument, mais il y a deux actes séparés, in-
dépendance intellectuelle et individuelle. — *A fortiori*
deux testaments sont-ils bons, quoique rédigés à la même
date et dans des termes identiques sur deux feuilles séparées.

— Dans le cadre de mon sujet, j'ai à tracer les règles
générales et ordinaires de la forme de nos testaments ;
mais je n'ai pas à esquisser les mille et mille clauses différentes qu'exige dans la pratique la variété des espèces ;
je n'en finirais pas. Remarquons-le bien aussi, les principes généraux sur la façon d'écrire nos dernières volontés
ne suffisent pas pour faire un testament irréprochable ; il
est nécessaire de posséder la science approfondie de toute
la législation sur les testaments, de même qu'il est nécessaire à l'artiste, peintre ou sculpteur, qui veut créer un
chef-d'œuvre, de connaître la structure intérieure du corps
humain, les passions multiples qui agitent le cœur et les
divers attributs de l'âme, parce que la beauté plastique,
produite par la pureté des lignes et des contours, doit
toujours traduire un sentiment, une idée vraie. Dans ce
traité je n'ai donc à exposer d'autres règles que celles qui
se rapportent à l'exécution en quelque sorte matérielle du
testament, à ses qualités extérieures et visibles. Pour les
règles sur la capacité du testateur et du légataire, sur les
qualités des choses léguées, sur les substitutions, etc., il
n'y a pas de place ici.

SECTION II.

DU TESTAMENT OLOGRAPHE.

« Le testament olographe ne sera point valable s'il n'est
» écrit en entier, daté et signé de la main du testateur :
» il n'est assujetti à aucune autre forme » (art. 970).

§ 1.

Considérations générales.

— Le testament *olographe* est ainsi appelé parce qu'il
est écrit entièrement par le testateur. Son nom dérive de
deux mots grecs : *olos,* entier ; *graphô,* j'écris.

— Les formalités de ce testament sont peu nombreuses.
Pas de témoins à réunir, pas d'officier public chez lequel
il faille se présenter ! Quiconque sait écrire a la possibilité de rédiger, dans le silence de sa maison et avec le
secret le plus absolu, l'instrument de ses volontés.

— Le testateur écrit son acte lui-même, il le date et le
signe. Voilà ce que demande l'art. 970. Rien ne paraît
d'une exécution plus facile. Cependant, prenons-y garde !
ce petit art. 970, dans les plis serrés de son laconisme,
renferme bien des choses.

— D'abord, pour qu'il soit un testament, l'acte doit
contenir une libéralité, avoir une véritable couleur de
bienfaisance. Il est de l'essence du testament d'être à titre
gratuit, et le Code lui attribue expressément ce caractère
(art. 893 et 895). Un manuscrit conçu en ces termes :

« Je veux que ma maison de Poitiers soit pour mon cousin François Moreau. Paris, le 1er janvier 1873. Jean Moreau », ne serait pas un testament. La nuance d'une générosité n'y est pas, ou du moins n'y paraît que d'une manière équivoque. Jean Moreau a peut-être voulu que sa maison devînt la propriété de François au moyen d'un contrat de vente ou d'échange ! L'écrit était peut-être une note destinée à l'agent d'affaires à qui le *de cujus* avait eu l'intention de confier la vente de son immeuble ! D'ailleurs, s'il est permis de croire que Jean avait le désir de gratifier François, il est permis aussi de croire le contraire ; le doute plane sur la nature de l'acte ; il n'y a pas testament (voir p. 78).

— Le testament est l'expression d'une volonté formelle et non d'une simple velléité, d'un simple désir. La formule, sans être en quoi que ce soit sacramentelle, doit évidemment être dispositive, impérative et non pas seulement précative.

« Je donne et lègue ma maison à Paul... Je veux qu'à mon décès ma maison soit la propriété de Paul... A ma mort Paul aura ma maison », seraient des formules valables.

« Je désire qu'après ma mort Paul ait ma maison », ne serait pas un testament.

— Si l'écrit ne fait allusion à l'époque du décès du souscripteur, il n'est pas non plus un testament.

Il est, par exemple, ainsi libellé : « Je donne ma maison à mon cousin Antoine. Poitiers, le 1er janvier 1873. Jacques Paquet ». Je vois là une libéralité, mais je ne vois pas que le bienfaiteur ne veuille conférer qu'au moment de sa mort la propriété de sa maison à son cousin. La phrase peut signifier que l'immeuble est donné *hic et nunc* ; or une donation entre vifs ainsi rédigée est nulle (art. 931). Le mot *donner* porte en lui-même l'idée d'un dépouillement actuel et irrévocable.

Objectera-t-on qu'il n'est pas probable que Jacques, homme âgé qui habite sa maison, où il a ses habitudes, ait voulu se dessaisir tout de suite de son immeuble ? Je répondrai que la volonté de tester doit être claire et indubitable, et que, si elle est entourée de la pénombre du doute, elle n'a aucune valeur. Qui sait si le testateur n'a pas commis sciemment une nullité pour se soustraire aux obsessions dont il était peut-être assailli ? La volonté de garder pour soi pendant toute sa vie l'objet donné est de l'essence de l'acte testamentaire ; il est utile qu'elle y soit en germe ; elle ne saurait être prouvée par les circonstances ou par les témoignages (p. 77).

La Cour de cassation (21 mai 1833) a déclaré qu'un acte de libéralité portant les mots « je donne, » mais trouvé sous une enveloppe sur laquelle était écrit « mes volontés, » est un testament. Je n'admets pas une telle décision, car l'enveloppe ne fait pas corps avec son contenu, et nous n'avons pas la certitude qu'elle n'ait pas renfermé un autre écrit.

Le verbe « léguer » implique à lui seul l'idée de la mort. Cette formule : « Je lègue mon jardin à mon cousin Louis... », constituerait un testament.

— Parlons maintenant de l'écriture, de la date et de la signature que mentionne spécialement l'art. 970.

§ 2.

L'écriture.

Qu'est-ce que l'écriture ? La loi ne le dit pas. Elle n'avait pas besoin en effet d'expliquer ce qui se conçoit sans effort et sans hésitation. Écrire, c'est fixer avec et sur une substance quelconque des signes, qui, aussi bien que les paroles, expriment nos pensées. On écrit en traçant des mots avec de l'encre ou toute autre liqueur, avec la plume, le crayon, le plomb, la pierre blanche, l'ardoise, etc., ou avec la pointe d'un instrument ; sur la surface de n'importe quelle matière, papier, linge, parchemin, carton, bois, ardoise, pierre, etc. On peut employer les lettres de l'alphabet ordinaire ou tous autres signes de convention, chiffres, notes de musique, caractères hiéroglyphiques.

Un écrit *lato sensu,* ce n'est pas seulement le tracé des signes qui traduisent nos pensées, mais c'est encore le papier ou la matière qui a reçu les caractères graphiques et qui fait corps, qui fait un seul tout avec eux, de même qu'un tableau, rigoureusement parlant, comprend et l'image sortie de l'intelligence et du pinceau de l'artiste, et la vile toile sortie de la boutique d'un marchand. Ceci est bon à noter en passant, car, pour juger en certains cas de la validité du testament olographe, il faut examiner le papier lui-même.

M. Demolombe prétend que le testament est nul si le testateur n'a pas employé les signes de l'alphabet usuel, parce que, d'après lui, ce sont ceux-là que l'art. 970 a

eus en vue. Je ne puis me ranger à son avis. L'art. 970,
n'ayant pas défini le mode d'écriture et n'en ayant imposé aucun, nous laisse la plus grande latitude pour tracer
nos pensées. Les signes et les figures de la sténographie,
les phrases chiffrées, etc., ne sont nullement proscrites.
Dès qu'il y a certitude que c'est bien la plume du signataire qui a tout tracé et calligraphié, le vœu de la loi est
rempli. Sans doute, quand le testateur n'a pas eu recours
aux lettres ordinaires, la constatation de la provenance
et de l'intégrité de l'écriture sera plus difficile ; mais, étant
démontré qu'elle émane véritablement de tel individu et
qu'elle a été employée sérieusement, elle aura une autorité, une force dispositive absolue. Quoi d'étonnant qu'un
sténographe ait l'idée de recourir à la sténographie ; un
diplomate, habitué à chiffrer ses télégrammes, à la cryp-
tographie ; un helléniste passionné, à la langue grecque ;
un Français, qui a longtemps vécu en Chine, à la langue
chinoise ? L'œuvre sera peut-être originale et bizarre ; elle
ne sera pas nulle. Mais, je le répète, si le tempérament,
la tournure d'esprit du signataire, les circonstances spéciales où il se trouvait, n'expliquent pas l'emploi de signes
extraordinaires, les juges ne devront y voir qu'un essai
de fantaisie, ou le jeu d'une plume qui s'amuse.

Il faut raisonner de la même façon quant à l'emploi de
la matière nécessaire au tracé du testament. Ce sont le papier et l'encre, dont on fait habituellement usage. Cependant l'emploi d'une autre substance sera quelquefois
rationnel et fera regarder l'acte comme sérieux, si la
position du testateur l'explique. Vous êtes dans une campagne isolée ; vous vous sentez gravement malade ; vous
manquez de papier et d'encre ; crayonnez vos volontés

sur la surface du mur !... Vous êtes sur l'Océan et le navire va faire naufrage : vous avez l'idée de buriner quelques mots sur un morceau de bois que vous jetez dans la yole qui s'éloigne, votre idée sera bonne !

— Le testament olographe, pour être valable, sera, comme son étymologie l'indique, écrit tout entier de la main du disposant. La loi, du haut de son autorité souveraine, l'a ainsi ordonné ; on ne peut lui désobéir impunément. Il s'ensuit que la main du testateur toute seule est obligée de tracer toutes les lignes, tous les mots, toutes les lettres qui composent l'acte testamentaire, y compris les signes d'accentuation et de ponctuation ; et que le moindre jambage, la moindre fraction d'une lettre que formerait une autre plume, occasionnerait une nullité irrémédiable. La loi admet que nos dispositions sont suffisamment établies par notre propre écriture sans attestation de témoins, sans concours d'officier public, mais à la condition que rien ne démontre que notre volonté a été influencée par celle d'autrui ; or, la plus petite trace d'une plume étrangère dans notre testament est aux yeux de la loi une preuve que quelqu'un était là près de nous, travaillant avec nous et nous soufflant peut-être les idées et les phrases. Elle n'a pas la certitude d'avoir l'expression d'une volonté pure et sans mélange ; elle rejette l'acte comme ne valant rien. La présomption de nullité qu'elle pose est absolue, *juris et de jure*. Et c'est très-logique, puisque le testament, fruit de notre pensée intime, prend vie par l'effet de nos mouvements personnels, et que le contact d'une autre volonté l'empêche de se former.

Mais, remarquons-le, la copulation de deux volontés

n'est pas prouvée par le seul fait de la coexistence sur
l'acte de deux écritures différentes. La main d'une personne autre que le testateur ne vicie l'acte qu'autant
qu'elle a coopéré à l'œuvre, au travail du testateur, en
sa présence et avec son assentiment. Les altérations commises après coup n'ont aucune force destructive.

— Les mots surchargés par le testateur, mais demeurés
lisibles, et ceux qu'il met entre les lignes au moment où
il fait ses dispositions, ne sont pas nuls, car les surcharges
et les interlignes, dans les écritures privées, ne sont interdits par aucun texte. Il est permis aussi de mettre des
renvois soit en marge soit au pied de l'acte, en les indiquant par un astérisque ou tout autre signe; et, s'ils ont
été faits en même temps que le corps de l'acte, il n'est
pas indispensable, mais il est prudent de les signer ou
parapher; étant incorporés à l'acte, ils sont couverts et
approuvés par la signature mise à la fin.

— Si un renvoi est ajouté après coup, il constitue un
nouveau testament, et comme tel doit être daté et signé,
à peine de nullité; mais sa nullité ne serait qu'un vice
local et ne saurait gangrener le corps principal.

— On peut annuler des mots en les biffant. Partant,
toute expression sur laquelle on a passé un trait de plume
ne compte plus, à moins que le trait d'encre n'ait été visiblement projeté par inadvertance. Il n'est pas utile d'approuver les ratures, comme cela a lieu dans les actes publics; aucune loi ne le prescrit.

Un paragraphe de plusieurs lignes sera évidemment
oblitéré soit par une ou plusieurs barres verticales, soit
par deux barres transversales dont le point d'intersection
serait vers le milieu.

— Si le testament olographe est fait sur deux feuilles séparées, il faut entre elles une liaison matérielle ou intellectuelle ; sinon la signature et la date mises sur l'une ne s'appliqueraient pas à l'autre. Le lien matériel résulte de la similitude de l'encre et de la similitude des caractères graphiques produite par la pose et le mouvement de la main. Le lien intellectuel consiste en l'harmonie des phrases, qui se trouvent sur les deux feuilles. Il en serait de même si le testament était composé de plusieurs feuillets. Le fil ou l'épingle qui unit des feuilles volantes n'est pas un lien dans le sens que nous disons, car il ne prouve pas qu'elles aient été écrites à la même date. Celui qui emploie deux ou plusieurs feuilles agit donc sagement en posant une date et sa signature sur chacune d'elles.

§ 3.

La date.

— Elle est l'indication du moment où une chose est faite, où un événement a lieu. Ce substantif vient du participe latin *datum*, que l'on mettait autrefois à la fin des titres et des diplômes : *datum tali die.*

— Dans notre testament olographe, une date est indispensable ; elle est réclamée par l'art. 970.

Son utilité ne devrait pas être contestée. Par elle nous savons du premier coup d'œil si le testateur était ou n'était pas capable quand il écrivait ses dispositions, et dans le cas où il existe plusieurs testaments incompatibles, nous savons lequel révoque les autres. Elle aide encore bien souvent à démasquer la fraude et les manœuvres dont les testateurs sont assiégés et circonvenus. « Elle sert de lumière et de boussole, disait Ricard, pour découvrir ce qu'il y a de vicieux dans le testament. »

— Avant 1735 elle n'était pas exigée. L'ordonnance la rendit obligatoire.

— Trois éléments constituent la date du testament : l'année, le mois et le jour doivent y être indiqués. La loi ne le dit pas formellement, il est vrai ; mais dans l'art. 970, elle donne évidemment au mot « date » le sens qu'elle lui donne ordinairement et qu'il a réellement dans le langage usuel ; or, presque partout c'est avec cette signification qu'elle l'emploie (voir les art. 1308, 1750, 2148 C. c.; 61 C. proc.; 12 L. de ventôse an XI). Lorsqu'elle juge utile la mention de l'heure, comme dans l'art. 34 C. c., elle la prescrit expressément. Au demeurant, le mot date, sous l'ordonnance, réveillait la triple idée de l'an, du mois et du quantième, et pas autre chose ; et l'art. 970 a été copié dans l'ordonnance !

— On fait ici quelques objections futiles que je ne prendrai pas la peine d'établir et de réfuter.

— Dans la pratique on mentionne l'heure où le testament est rédigé. Et c'est mieux. On peut en effet écrire et révoquer plusieurs testaments en vingt-quatre heures. Et puis, pour les testaments des malades, dont l'intelligence s'éclipse par intervalle, le médecin et les gardiennes peuvent, s'il y a procès, attester qu'à tel moment de la journée le malade avait la plénitude de ses facultés.

— J'en dirai autant de l'indication du lieu. Elle n'est pas requise par les textes. Cependant on agit prudemment en la mettant. La concordance du temps et du lieu corrobore la foi due à la date ; la mention de l'endroit où le manuscrit a été fait, confirme ou repousse le soupçon de captation, qui s'élève parfois dans l'esprit des héritiers évincés.

— Une date en chiffres est valable, puisque l'art. 970 par son silence se réfère à l'usage populaire. Un testateur avisé l'écrira cependant en toutes lettres, pour prévenir une altération facile à commettre et difficile à constater.

Vous pouvez vous servir indifféremment du calendrier grégorien ou du calendrier républicain, ou même ne vous référer ni à l'un ni à l'autre. « Fait le jour de Pâques 1873... », le jour de la naissance de mon légataire, » sont, par exemples, des dates véritables.

— Oubliée en apparence ou réellement par le testateur, la date existe quelquefois implicitement dans la phrase, v. g. : « Je lègue à Paul le champ que j'ai acheté hier. »

— Une date incertaine n'en est pas une ; elle ne satisfait pas le vœu de la loi ; la formalité voulue n'est pas accomplie correctement ; le testament est manqué. Avec une indication vague et nébuleuse pour date, comment savoir si le disposant était ou non en état de tester ? si l'acte est antérieur ou postérieur à un autre ? Pour s'en assurer, on serait forcé d'aller chercher des preuves à l'extérieur, tandis que c'est dans la contexture du testament, dans sa conformation qu'il faut trouver le germe de la démonstration.

— Une antidate entraîne avec elle une nullité absolue, et quelquefois elle décèle une grande maladresse. On a vu des gens, dans leur testament antidaté, faire allusion à un événement postérieur à la date ! on en a vu employer du papier timbré fabriqué bien longtemps après l'année indiquée ! N'antidatons pas.

— La postdate, selon moi et contrairement à l'opinion des auteurs que j'ai feuilletés, ruine aussi le testament olographe. M. Demolombe, en particulier, enseigne que si le disposant meurt postérieurement à la date mise au testament, l'acte sera valable parce qu'il est censé avoir été écrit à l'époque indiquée et n'avoir été jusque-là qu'un projet qui a été ra . é, vivifié tacitement. Une telle proposition m'étonne beaucoup, et je vais en essayer la réfutation.

Une disposition postdatée n'a *hic et nunc* aucune force ; elle est dans le néant ; elle y restera à toujours, si aucun principe vivifiant ne vient de l'extérieur jusqu'à elle, car la vie se communique par le mouvement et le contact ; donc ce prétendu testateur, qui dort à côté de son simulacre de testament, et qui n'y touche pas et n'y songe même plus, mourra logiquement et fatalement *ab intestat !* La loi a posé des conditions pour la génération du testament olographe ; elle exige qu'à l'époque précise, indiquée par la date, la volonté et la main du testateur travaillent à la fois. La seule action de la volonté sera impuissante si les doigts n'écrivent pas et ne fixent pas simultanément sur le papier le jet de la volonté. Et je comprends cela. La volonté humaine acquiert un degré de force et de vivacité bien plus élevé quand on est obligé de la manifester au dehors en la gravant avec des signes intelligibles sur le papier ou sur toute autre matière. Or, en mettant une postdate à son testament, on sait qu'on ne dresse qu'un projet, on se propose de le relire, de le retoucher ; on ne l'écrit peut-être pas avec tout le sérieux, toute la résolution que comporte un acte définitif de cette nature. La volonté n'est pas suffisamment développée ; elle n'a pas de vertu créatrice aux yeux du législateur.

Admettons un instant cette absurdité que le silence, l'inertie du prétendu testateur puisse donner l'être à une disposition laissée au fond du néant : il est évident que cette disposition postdatée offre les mêmes dangers que le testament antidaté. Un mineur se servira d'une postdate pour donner à son acte l'apparence de la validité ; une courtisane habile extorquera par ce moyen une libéralité à son jeune amant et plus tard lui fera avaler du poison ! Un interdit qui, dans un intervalle lucide, écrira son testament, et dont l'écriture est devenue tremblée, aura soin de le postdater. Enfin, si vous voulez casser un testament remis au légataire et que vous ne vous souveniez plus de l'avoir postdaté, vous êtes exposé à faire un acte révocatoire qui ne révoquera rien du tout ! Puisque la postdate est au moins aussi dangereuse que l'antidate, elle vicie, comme celle-ci, les dispositions testamentaires. La loi les regarde l'une et l'autre d'un même œil, car en cette matière elle exige l'expression exacte de la vérité.

— L'incertitude, l'insuffisance de la date n'a rien d'irritant, quand on trouve dans un coin du contexte de quoi la fixer avec précision. Paul avait écrit : « Comme je puis être mobilisé, d'un jour à l'autre, et marcher contre les Prussiens, je lègue à..., 15 janvier 1870 » ; et meurt en 1872. Les trois derniers mots de son testament forment une date erronée ; mais, en les combinant avec le sens de la phrase, on voit que la date véritable est le 15 janvier 1871.

La date du testament olographe est réputée certaine

jusqu'à preuve du contraire. Mais il n'entre pas dans mon sujet de développer cette assertion.

— Elle est une partie intégrante du testament olographe. Il est indispensable qu'elle soit tracée par le signataire.

— On peut la poser à n'importe quel endroit de l'acte, puisque l'art. 970 ne lui assigne pas de place spéciale. Il suffit qu'elle couvre et protège tout le contexte et qu'elle soit elle-même couverte par le seing du testateur. Posée à la première ligne, elle s'applique à tout ce qui suit ; posée à la dernière ligne, avant la signature, elle s'applique à tout ce qui précède. Dans beaucoup d'actes notariés, dans les exploits des huissiers, dans les écrits privés ; elle se met indifféremment à l'un ou à l'autre de ces deux endroits ; pourquoi n'en serait-il pas ainsi dans le testament olographe ?

Posée au niveau de la signature ou un peu au-dessous, est-elle valable ? Je le crois, pourvu qu'elle appartienne visiblement à la contexture de l'acte. Une lettre n'est-elle pas datée quoique l'indication du jour soit à un degré plus bas que la signature ?

Dans l'art. 970 le participe *daté* précède le participe *signé* ; mais, assurément, l'article ne fait qu'indiquer l'ordre habituel, le plus naturel dans lequel les deux formalités s'accomplissent, sans établir le précepte formel d'accomplir l'une avant l'autre.

S'il y avait entre la date et la signature un espace démesurément grand, elle ne ferait pas corps avec le contexte.

Qu'un testateur ait l'idée de signer successivement chacune de ses dispositions, et n'inscrive qu'une seule date soit en tête, soit au bas de l'acte, opère-t-il quelque chose de complétement valide? Oui, si à l'inspection de la pièce on voit bien clairement que les diverses dispositions ne forment qu'un seul tout, et que chacune d'elles, quoique maladroitement signée, n'est en réalité qu'un paragraphe de l'acte entier. Non, dans le cas contraire.

— La couleur identique et l'uniformité de l'écriture tendent à établir et établissent quelquefois l'unité du texte. Mais la diversité d'allures de la plume et la diversité du ton de l'encre qu'on peut remarquer dans la peinture graphique d'un testament olographe ne suffisent pas à démontrer qu'il a été tracé à différentes époques. Un acte pareil ne se fait pas toujours d'un seul jet et avec le calme d'un stoïcien : la pensée de la mort peut nous troubler un instant, donner des émotions, des distractions, agacer les nerfs. Son papier à la main, l'homme qui s'occupe de ses dernières volontés, va quelquefois de son salon à sa chambre, et de sa chambre à son salon ; là, il n'a peut-être pas la même plume et la même encre qu'ici ; là, il écrit une clause, ici une autre clause. Que les paragraphes soient peints alors d'une façon un peu disparate, est-ce étonnant ?

— Un testament olographe ne se dresse pas toujours en une seule séance et dans une seule journée. L'unité de temps et d'action n'est pas, d'ailleurs, exigée par la loi. Si vous employez plusieurs jours à votre rédaction, ne posez pas la date à l'entête ; elle n'exprimerait pas la vérité ; posez-la à la fin, en indiquant les divers jours où vous avez travaillé, ou simplement celui de la clôture, car jusque-là ce qui est fait n'est qu'un projet, un embryon de testament qui ne prend vie que par l'apposition de la signature précédée ou suivie de la date.

— Il n'est pas nécessaire de dater les renvois, puisqu'ils s'attachent et s'unissent au testament. Mais y apposer une date est une bonne précaution, surtout quand les renvois renferment non un fragment de phrase, mais toute une clause dispositive.

§ 4.

La signature.

— Sauf quelques rares exceptions, l'écriture privée n'a aucune valeur, si elle n'est complétée et ratifiée par la signature (art. 1322 à 1328, C. c.). Les principes généraux nous apprennent donc que le testament olographe doit être signé. S'ensuit-il que l'art. 970 formule un commandement superflu ? Pas du tout. Les mots « écrit, daté et signé » sont là par antithèse à ceux-ci : « il n'est assujetti à aucune autre forme », que nous expliquerons plus loin.

— Qu'est-ce que la signature ? D'après l'usage, la signature est le nom sous lequel une personne est connue et qu'elle appose en toutes lettres au bas d'un écrit qu'elle a intention de certifier. Le publiciste, l'artiste dramatique, qui est notoirement connu par le pseudonyme qu'il s'est donné, met son nom d'emprunt au bas de ses lettres, au pied d'une quittance ; aux yeux des gens du monde il y a là une signature.

D'après la loi, le mot « signer » signifie mettre de notre main le nom patronymique que nous avons sur le registre de l'état civil. En effet, l'ordonnance de 1629, que Pothier appelle la belle ordonnance, prescrit, à peine de nullité, de signer du nom de famille ; la loi de 1790 ordonne aux citoyens de ne prendre que leur nom de famille, et le décret du 6 fructidor an II défend de prendre d'autres noms que ceux exprimés dans l'acte de naissance. Ces lois, n'ayant pas été abrogées par le Code, sont donc encore en vigueur.

Comme elles s'occupent spécialement du nom de famille, l'apposition du prénom n'est pas nécessaire.

Notre art. 970 prend-il le mot « signer » dans son acception la plus large ou dans son sens restreint ? M. Demolombe pense que le législateur, en admettant la forme olographe, cette forme simple et libre, l'a admise avec les habitudes qu'elle comporte dans la pratique et qu'il se contente de la manière dont le testateur est dans l'usage de signer les actes de sa vie civile. Cette doctrine de l'éminent professeur, quoique empreinte d'un libéralisme qui va à mon tempérament, ne me séduit pas. L'art. 970 ne définit point le verbe « signer »; or, un mot quelconque sur les lèvres du législateur a le sens qu'il lui a déjà attribué lui-même et non pas la signification que lui attribuerait l'usage ; donc le verbe « signer », défini par l'ordonnance de 1629 et par les lois de la Révolution, n'a pas un sens différent dans notre art. 970. L'art. 970 ne se réfère pas à l'usage, car, dans notre nouvelle législation, l'usage n'a pas force de loi, n'abroge et ne modifie pas les lois.

De là il suit que le testament des évêques est radicalement nul quand, à la place de leur nom patronymique, ils tracent une croix suivie de l'indication de leur dignité : les habitudes de l'épiscopat, quelque respectables qu'elles soient, ne sauraient abroger la loi civile ou faire loi dans l'État.

Je n'admets pas, non plus, que la pose d'un simple prénom soit une signature.

Mais j'admets volontiers que la femme mariée signe du
nom de son mari. En entrant dans la maison conjugale,
elle ne perd pas il est vrai sa personnalité juridique, mais
son nom s'éclipse derrière celui de l'homme et reste dans
une pénombre obscure. Ce résultat, ce changement de
nom, ne vient pas d'un usage populaire : il dérive directement de la loi sur le mariage. *Sunt duo in carne
una !* Le mari est chef, son autorité et son nom prédo-
minent, et les enfants s'appelleront comme lui ; la femme,
qui devient sœur de l'homme, mieux que cela, une partie
de l'homme, sera désignée nécessairement par le nom de
celui-ci !

La femme mariée pourrait cependant signer de son
propre nom de famille ; en réalité, elle ne l'a pas perdu
par le mariage, elle en a acquis un nouveau ; en se ser-
vant du premier, elle ne désobéit pas à la loi.

— Une signature affectée d'un vice physique, mal
orthographiée, manquant d'une ou plusieurs lettres, ou
peu aisée à lire, etc., est valide si le nom n'est pas mé-
connaissable. Pas n'est besoin qu'elle soit calquée sur le
registre municipal : chacun écrit son nom comme il le
peut, comme il le sait, et quand on a imparfaitement
réussi, c'est bon quand même.

Quid du griffonnage ridicule mis à la place de la signature et dont nous gratifient certains fonctionnaires et de
beaux personnages qui visent à l'effet et à l'originalité ? Je
distingue. Le signataire étant connu, si l'on découvre
quelques lettres ou semblants de lettres entrant dans la
composition du nom, et que les autres puissent rigoureu-

sement se deviner dans les traces laissées par la plume,
le seing est suffisant ; si, au contraire, il n'y a aucune,
apparence de caractères alphabétiques, le seing est bel
et bien nul, le signataire eût-il contracté la plus longue
habitude de dénaturer ainsi son nom.

— Il est bien de calligraphier sa signature toujours de
la même façon ; mais il nous est permis de la peindre dif-
féremment et suivant notre caprice, puisqu'aucun texte
ne le défend. Vous la traciez avec des lettres anglaises,
horizontalement, avec un splendide paraphe ; aujour-
d'hui vous préférez l'écrire en ronde, ou verticalement
ou sans l'enjolivement du paraphe : elle sera valable,
pourvu qu'il apparaisse bien qu'en mettant là votre nom
vous avez eu l'intention de certifier ce qui est écrit au
dessus.

— Les personnes qui signent sans addition de paraphe
et avec les mêmes caractères que ceux de l'acte doivent
éviter de signer à la suite de la dernière phrase et sur la
même ligne ; car leur nom ainsi apposé pourrait donner
lieu à une équivoque et être pris ou pour l'indication
préalable du signataire ou pour la signature. Elles seront
prudentes en le mettant toujours un peu au-dessous du
corps de l'acte.

— Il est mieux aussi de signer après l'inscription de la
date, bien que, d'après nous, en signant au dessus, on ne
commette aucune nullité, si la signature gouverne d'une
manière évidente tous les éléments du testament. « La
signature, dit Pothier, doit être à la fin de l'acte, parce
qu'elle en est le complément et la perfection ». Suivons le
sage conseil qu'il nous donne.

— Est-on tenu de signer ou parapher les renvois ? Assu-

rément non , car la loi de ventôse ne réglemente que les
actes notariés. Un renvoi se rattache au corps de l'acte,
et la signature s'applique à l'écrit tout entier. Cependant
abritons un acte aussi sérieux que le testament contre
toute attaque ; rendons-le invulnérable, imprenable,
comme le seront désormais toutes nos forteresses. Par
surcroît de précaution, fortifions les additions marginales
à l'aide de nos initiales ou de notre paraphe !

—

— Ainsi écrit en entier, daté et signé par son auteur,
un testament est pleinement valable.

« Il n'est assujetti à aucune autre forme » ! C'est-à-dire
qu'il ne faut l'entourer d'aucune des solennités dont on
entoure le testament public et le testament mystique ;
qu'il n'a pas besoin d'être certifié par des témoins, et qu'il
n'est même pas utile d'y mentionner qu'il est l'œuvre exclusive et olographe du testateur.

Autrefois certaines coutumes voulaient que le testament
olographe fût revêtu des signatures de deux témoins.
L'ordonnance de 1735 a supprimé cette exigence, et notre
article a imité l'ordonnance.

Bien plus , je crois que la signature des témoins sur
notre testament olographe le rendrait complétement nul :
elle ferait partie intégrante de l'acte, et l'acte ne serait
plus écrit en entier par le testateur ! Dans cette hypothèse,
comme dans celle où une plume étrangère a travaillé au
corps du testament , il y aurait à redouter l'influence des
tiers sur la volonté du disposant.

— Pourrait-on faire son testament par lettre missive ?
L'ordonnance ne le permettait pas ; mais le Code, mieux
inspiré, n'a posé à cet égard aucune prohibition et nous a

accordé une large permission dans ces mots : « Il n'est
assujetti à aucune autre forme ».

— Libre à nous aussi de dresser plusieurs exemplaires
de notre testament olographe , la loi ne le défendant pas.
Si l'un d'eux était intitulé « copie », il n'en serait pas
moins un véritable original et en aurait toute la valeur.

— Le testament olographe, plus commode que le testament authentique pour les personnes lettrées, ne fait pas
foi, comme celui-ci, de tout son contenu, et sous ce rapport
il lui est de beaucoup inférieur. Le légataire, dont le droit
est contesté, est obligé de prouver que son titre émane bien
du défunt ; preuve difficile, lorsque le *de cujus* n'a écrit
et signé qu'à de rares intervalles, ou que, par un effet de
l'âge ou de la maladie, la physionomie de son écriture a
sensiblement changé.

— Un acte par lequel Paul révoque toutes les dispositions qu'il a faites jusqu'à ce jour, et qui est entièrement
écrit, daté et signé par lui, est-il un testament ? Non. Le
legs est une libéralité en faveur de ceux qui n'ont pas la
vocation légale d'arriver à l'hérédité. Paul brise son testament : donc il retire sa libéralité ; et ses parents, auxquels le testament barrait le passage, pourront arriver à
la succession. Ils y arriveront, non pas en vertu de l'acte
révocatoire, mais en vertu de la loi. En supprimant son
testament, l'ex-testateur confond désormais sa volonté
avec celle de la loi ; il s'incline devant cette souveraine ;
il ne dispose pas ! il ne teste pas !

Mais, si le manuscrit dont je parle n'a pas de vertu dispositive, a-t-il bien la force nécessaire pour casser les tablettes du testament ? Question controversée dont l'examen
me jetterait en dehors de mon sujet.

7

— Le droit international a admis depuis fort longtemps que les citoyens d'un pays peuvent contracter valablement sur un territoire étranger, en suivant pour la confection de leurs actes et contrats les formes usitées dans le pays où ils se trouvent momentanément. De là ce grand principe, unanimement reconnu pour vrai : *locus regit actum !* Les lois sur la forme des actes sont un statut particulier qu'il ne faut pas confondre avec le statut réel et le statut personnel ; par conséquent, la faculté de dresser un testament en la forme olographe n'est pas un droit inhérent aux personnes. L'évidence de cette proposition ressort d'ailleurs de l'art. 999 du Code civil, qui accorde à nos nationaux l'autorisation de tester par acte privé partout où ils vont, et nous enseigne par là que nous n'avons en principe le droit de tester par le mode olographe que sur le territoire français.

J'en conclus qu'un étranger, qui en son pays ne peut écrire lui-même son testament, parce que la loi nationale ne l'y autorise pas, peut l'écrire de sa main quand il est en France : *Locus regit actum !*

SECTION III.

DU TESTAMENT PAR ACTE PUBLIC.

§ 1.

Origine de ce testament. — Texte du Code.

— La provenance de notre testament public n'est nullement douteuse. Les art. 971 et 973, qui l'organisent en

grande partie, ont été puisés dans les art. 5 et 23 de l'ordonnance de 1735, qui réglementaient le testament nuncupatif écrit des provinces méridionales et le testament
solennel des provinces septentrionales de la France, ainsi
qu'il est facile de s'en convaincre en lisant et rapprochant
les textes. Or, le testament solennel des régions coutu-
mières était une imitation du testament nuncupatif (*supra*,
p. 72). Donc notre testament public n'est autre que le
testament nuncupatif écrit, usité jadis dans nos contrées du
Midi. Et comme ce mode de tester n'était au fond que le
testament nuncupatif pur des Romains, et que l'écriture
n'y avait été ajoutée que *probationis causa*, il suit que
le fond du testament français, dont nous nous occupons,
est le même que celui du testament verbal du droit romain.

— Art. 971. « Le testament par acte public est celui
qui est reçu par deux notaires en présence de deux témoins,
ou par un notaire en présence de quatre témoins ».

Art. 972. « Si le testament est reçu par deux notaires,
il leur est dicté par le testateur, et il doit être écrit par l'un
de ces notaires tel qu'il est dicté. — S'il n'y a qu'un notaire, il doit également être dicté par le testateur et écrit
par ce notaire. — Dans l'un et l'autre cas, il doit en être
donné lecture au testateur, en présence des témoins. — Il
est fait du tout mention expresse ».

Art. 973. « Ce testament doit être signé par le testateur; s'il déclare qu'il ne sait ou ne peut signer, il sera
fait dans l'acte mention expresse de sa déclaration, ainsi
que de la cause qui l'empêche de signer ».

— Nous allons maintenant expliquer ce que sont le
notaire et les témoins, le rôle que joue chacun d'eux, le
rôle du testateur, les formalités requises par le Code et

par la loi de ventôse, et la valeur de quelques vieilles formules conservées par la routine du notariat.

§ 2.

Qui est-ce qu'un notaire ?

Le Code, par son silence, se réfère évidemment, sur ce point, à la loi organique du notariat du 25 ventôse an XI, dont l'art. 1er est ainsi conçu :

« Les notaires sont les fonctionnaires publics, établis pour recevoir tous les actes et contrats auxquels les parties doivent ou veulent faire donner le caractère de l'authenticité attaché aux actes de l'autorité publique et pour en assurer la date, en conserver le dépôt, en délivrer des grosses et expéditions ».

Le notaire est investi d'une juridiction spéciale, consistant à entendre les gens qui viennent amiablement le trouver, et à constater par écrit les conventions qu'ils font en sa présence, ou l'engagement particulier, la volonté particulière qu'une personne vient exprimer devant lui. Les contrats et les actes qu'il rédige ainsi ont le même caractère de véracité que les jugements rendus par les magistrats de l'ordre judiciaire ou administratif et que les actes du souverain.

Il a en effet entre les mains, comme les juges des tribunaux, un fragment du pouvoir exécutif que le chef de l'État lui a délégué et qu'il a accepté par sa prestation de serment. C'est en prêtant serment et en recevant l'investiture de ses fonctions que le contrat se forme entre lui et la société et qu'il devient officier public.

Par la destitution il perd le pouvoir qu'il avait reçu et cesse d'être officier public. Par la suspension il perd seulement pendant un temps déterminé le droit d'instrumenter.

Les notaires non suspendus sont les seuls fonctionnaires dans l'État, sauf de rares exceptions, qui aient le droit de conférer l'authenticité aux conventions amiables et aux volontés des parties. Ils sont « *les* fonctionnaires établis, etc. » Seuls, par conséquent, ils ont mission de consacrer authentiquement nos dernières volontés. Aussi l'art. 971 nous les indique comme pouvant seuls dresser les testaments publics autres que les testaments privilégiés.

Le testament, fait par un notaire destitué, suspendu ou remplacé, est donc nul. J'en dis autant du testament rédigé par l'acheteur d'un office avant son installation ; la raison de décider est la même. Le légataire appellerait vainement au secours de l'acte la maxime : « Error communis facit jus »; vainement il démontrerait que le testateur a cru s'adresser à un notaire en exercice : les héritiers lui répondraient que l'erreur du disposant n'était pas invincible, n'était pas basée sur la notoriété, sur la croyance générale ; car la destitution et la suspension d'un notaire, et la cession de son office, sont vite connues dans sa contrée. Tout autre est l'hypothèse d'une nomination irrégulière accordée par le gouvernement à un homme qui serait mineur de 25 ans, ou étranger, ou qui n'aurait pas le stage suffisant, ou ne serait pas libéré du service militaire ; l'erreur commune est fondée alors sur un *criterium* raisonnable, le public devant croire à la régularité des actes émanés de l'administration.

La loi qui gouverne la capacité du notaire étant celle du 25 ventôse, il suit encore : 1° que deux notaires, parents ou alliés en ligne directe à l'infini, et en ligne collatérale jusqu'au troisième degré inclusivement, ne sauraient concourir ensemble à la rédaction du testament (art. 10 et 68) ; 2° qu'il ne doit y avoir entre eux et le testateur et les légataires aucun lien de parenté ou d'alliance au troisième degré inclusivement (art. 8 et 68) ; 3° que l'acte ne peut renfermer pour eux personnellement aucun legs, aucune faveur (ib.). La loi, qui se défie de la faiblesse humaine, ne suppose pas que l'homme soit impartial quand il agit dans son intérêt personnel ou dans l'intérêt d'un de ses proches.

Les cercles de compétence territoriale, tracés par la loi de l'an XI, seront respectés par l'officier ministériel, à peine de nullité de son acte (art. 6 et 68). Les notaires de première classe son compétents dans le ressort de la cour d'appel, ceux de deuxième classe dans le ressort du tribunal d'arrondissement, et ceux de troisième classe dans les limites de leur canton (art. 5).

Un seul manquement aux préceptes de la loi de ventôse sur les points que nous venons de toucher vicierait l'instrument d'un bout à l'autre (art. 68).

Remarquons que l'authenticité s'attache aux dispositions testamentaires bien plus difficilement qu'aux autres actes ; la loi de ventôse, pour la confection des actes ordinaires, se contente de l'affirmation d'un notaire assisté de son collègue ou de deux témoins ; le Code veut que le testament soit monumenté par deux notaires et deux témoins ou par un notaire et quatre témoins.

§ 3.

Qui est-ce qu'un témoin ?

Les témoins sont des hommes intelligents et capables, appelés avec le notaire pour entendre et constater authentiquement nos dernières volontés.

« Les témoins, appelés pour être présents aux testa-
» ments, devront être mâles, majeurs, républicoles,
» jouissant des droits civils » (art. 980, C. civ.).

« Ne pourront être pris pour témoins du testament
» par acte public ni les légataires, à quelque titre qu'ils
» soient, ni leurs parents ou alliés jusqu'au quatrième
» degré inclusivement, ni les clercs des notaires par les-
» quels les actes seront reçus » (art. 975, C. civ.).

Dans ces deux articles, le Code nous indique-t-il complétement les qualités requises des témoins, ou bien
sommes-nous obligés, pour connaître l'étendue de leur capacité, de recourir à la loi du 25 ventôse ? On décide généralement que les art. 975 et 980 se suffisent à eux-mêmes
et composent un système logique et complet, qui exclut
tout emprunt à la loi du notariat.

Je ne suis pas de cet avis ; et je regrette, sur le terrain
d'une question aussi grave, de ne pouvoir combattre dans
les rangs de M. Demolombe, dont le talent m'éblouit quelquefois et m'en impose toujours.

La capacité des témoins, pour les actes notariés ordinaires, est réglée tant par la loi du 21 juin 1843 que
par les deux articles ci-après de la loi de ventôse :

Art. 9. — « Les actes seront reçus par deux notaires
» ou par un notaire assisté de deux témoins, citoyens

» français, sachant signer, et domiciliés dans l'arrondis-
» sement communal où l'acte sera passé. » ‘

Art. 10. — « ... Les parents, alliés, soit du notaire,
» soit des parties contractantes au degré prohibé par
» l'art. 8 (troisième degré), leurs clercs et leurs servi-
» teurs, ne pourront être témoins. »

Or, si je compare l'art. 980 du Code et l'art. 9 de la
loi de ventôse, traitant l'un et l'autre des incapacités
absolues d'être témoin, je vois bien que l'art. 980 offre
un système complet. Je conçois, en effet, à merveille,
que, pour attester la véracité des dispositions faites par
un mourant, il n'est pas nécessaire de jouir des droits
politiques et d'avoir son domicile dans l'arrondissement :
en semblable matière, on peut être digne de foi sans avoir
les prérogatives attachées au titre de citoyen; et, d'un
autre côté, un testateur qui désire que son secret soit
gardé, et qui a besoin de réunir quatre personnes non
parentes de lui, ni des légataires, ni du notaire, pourrait être fort embarrassé s'il était obligé de les choisir
dans un cercle restreint.

Mais, si je pose en parallèle l'art. 10 de la loi de l'an XI
et l'art. 975 du Code (traitant l'un et l'autre de l'incapacité relative des témoins), je ne vois pas que celui-ci
implique dérogation totale à celui-là, et qu'il constitue
un système complet. Je suis convaincu, au contraire,
qu'il y a lieu de combiner ces deux articles. Et, selon
moi, la démonstration de cette proposition n'est pas difficile. Toute théorie dont les conséquences aboutissent à
une absurdité, ou qui viennent heurter des principes avec
lesquels cette théorie devrait s'harmoniser, n'est pas
admissible; or, la doctrine de M. Demolombe arrive à

cette conséquence étrange que les serviteurs des légataires et les parents et serviteurs du notaire peuvent être
appelés comme témoins. Je trouve étrange et absurde
qu'on admette le témoignage de ces gens-là, parce que,
comme nous le verrons (page 110), le rôle des témoins est
un rôle de surveillance et de défiance; parce que les serviteurs du légataire dépendent de lui et n'ont pas un
caractère suffisant d'impartialité; parce que les parents
et les domestiques du notaire sont trop facilement dis-
posés à signer les yeux fermés ce qu'il leur présente, et
pourraient être aisément subornés par lui, et que, dans
tous ces cas, les précautions sévères et minutieuses
ordonnées pour que nos dernières volontés soient trans-
crites avec fidélité seraient de vaines formalités ! Eh
quoi ! pour les actes ordinaires la loi refuse le témoignage
des parents et des serviteurs, et elle l'accepterait pour
l'acte le plus sérieux et le plus solennel de tous ! Elle
va jusqu'à proscrire, dans l'art. 975, l'attestation des
parents du quatrième degré, tandis que, le 25 ventôse,
sa prohibition n'a frappé que les parents du troisième
degré; tant il est vrai que dans cette matière elle est
exceptionnellement sévère ! Et puis, qu'y a-t-il d'étonnant qu'elle renvoie à sa disposition du 25 ventôse pour
certaines règles de capacité relative, quand, à chaque
instant, elle s'y réfère dans les articles de notre section !

Je n'admets pas non plus que les parents du testateur
puissent être ses témoins. Ils me paraissent très-suspects.
Ils essaieraient de corrompre le notaire, soit pour qu'il
commît une nullité, soit pour qu'il effaçât une clause
importante.

— Maintenant énumérons rapidement les diverses

qualités constitutives de la capacité absolue et les hypothèses où il y a incapacité relative.

— Pour être capable de figurer comme témoin à un
testament, il faut être mâle, majeur, républicole, jouir
des droits civils (art. 980).

Mâle. Les femmes, quoique jouissant des droits civils,
ont toujours été exclues des fonctions publiques, pour
cause de pudeur.

Majeur. On est en état de majorité à vingt et un ans
révolus. Jadis cette condition d'âge n'était pas réglée
d'une manière positive et uniforme ; dans les pays de droit
écrit, il suffisait d'être pubère ; dans les contrées régies
par la Coutume, il suffisait d'être idoine.

Républicole. Expression qui se trouvait dans la rédaction primitive de l'art. 980, et qui lui convient encore
depuis le 4 septembre 1870. En 1807 et en 1852, on
l'avait remplacée par celle-ci : « sujet de l'Empereur » ;
et en 1816, par cette autre : « sujet du Roi ». Or, comme
les locutions nouvelles ont été employées dans le sens de
la première, et que les étrangers, même résidant en
France, n'ont jamais été sujets du Roi ou de l'Empereur, il suit que républicole, sujet du Roi, sujet de
l'Empereur, sont synonymes de Français. Ceci est tellement vrai qu'avant 89 « régnicole » formait antithèse
à « aubain » étranger (alibi natus). « Les témoins, dit
l'ordonnance de 1735, art. 50, seront mâles, *régnicoles...*, à l'exception seulement du testament militaire,
dans lequel les *étrangers* non notés d'infamie pourront
servir de témoins ». On lit aussi dans Domat : « Nous
appelons régnicoles les sujets du Roi ; les étrangers sont
les sujets d'un autre État ».

Jouir des droits civils. Donc les serviteurs qui,
avant 1848, ne jouissaient pas des droits politiques, pouvaient être témoins ; les individus qui n'avaient pas eu
leur domicile assez longtemps dans la commune pour y
être électeurs ou éligibles pouvaient être témoins ; les
faillis, les prodigues ont la capacité de concourir à la
confection du testament, puisqu'ils ont la jouissance de
leurs droits civils.

Tout condamné à une peine afflictive est frappé de la
dégradation civique (art. 28 et 34 C. pén.) ; il perd la
faculté de témoigner.

Quid de l'interdit judiciaire ? Quelques auteurs enseignent qu'ayant la jouissance de ses droits civils, il a
capacité, dans ses moments lucides, d'assister le notaire
qui reçoit un testament. Une telle doctrine ne me paraît
pas acceptable. L'homme frappé d'interdiction est réputé
incapable de comprendre les questions juridiques et les affaires, et tous « ses actes sont nuls de droit » (art. 502,
C. c.). Or, pour certifier les dispositions d'un mourant, il
faut les avoir comprises et avoir autant d'intelligence que
pour contracter ; puis, certifier un testament, c'est réellement faire un acte ; donc le témoignage prêté par l'interdit judiciaire est tout à fait insuffisant. La présomption
d'incapacité de l'interdit, tant qu'il n'y a pas eu mainlevée
du jugement, ne comporte pas d'exception ; elle est absolue, tellement absolue qu'elle est assimilée à la présomption d'incapacité du mineur (art. 509). Donc elle
exclut la preuve qu'on voudrait fournir qu'aucun nuage
ne couvrait la raison de l'interdit quand il était près du
testateur.

— Les cas d'incapacité relative, d'après ce que nous

avons dit (pages 107 et suiv.), n'ont rien d'embarrassant.
Les parents et alliés du notaire jusqu'au troisième degré,
ses clercs et ses serviteurs, les parents et alliés du légataire
jusqu'au quatrième degré et ses serviteurs, les parents et
alliés disposant jusqu'au troisième degré, sont des gens
suspects et ne sauraient concourir à la confection du testament.—Si le témoignage des alliés est repoussé, celui
du conjoint qui produit l'alliance doit *a fortiori* être
rejeté.

Une capacité putative suffit chez le témoin. *Error
communis facit jus!* Ce brocard de droit a été puisé aux
sources de la plus saine raison. Nous rendre responsables
des erreurs dont nous ne pouvions pas soupçonner l'existence eût été inique, inhumain et subversif de tout ordre
social. Il est bien entendu que l'opinion commune, erronée, n'a de valeur qu'autant qu'elle est fondée sur une
longue série d'actes faits par l'incapable et qui lui donnent une sorte de possession d'état.

— Il est des défauts physiques, comme la surdité et la
cécité, qui nous enlèvent l'aptitude d'être témoins. La
loi ne les énumère pas et n'avait pas besoin de les énumérer, parce que le simple bon sens les indique. Le sourd
et l'aveugle sont incapables de figurer au testament, car
le rôle de témoin exige qu'on entende clairement le testateur dicter ses volontés, et qu'on voie le notaire les écrire
de sa main.

Quid du muet qui a l'usage de l'ouïe? S'il est intelligent et qu'il sache signer, son témoignage est accepté
sans contesté : l'apposition de sa signature est une preuve
qu'il a compris   )ération à laquelle il a assisté. Mais,
s'il est tout à fait ...ettré, les docteurs ne sont plus d'ac-

cord. L'acte auquel il concourt est-il valable ou ne l'est-il pas ? J'avoue qu'ici mon sentiment a longtemps oscillé incertain. C'est du côté de la validité qu'il a définitivement penché. La déclaration d'avoir saisi la signification de l'acte et de ne pouvoir le signer n'est exigée d'aucun témoin : pourquoi l'exigerait-on du muet ? Le muet non atteint de surdité est présumé jouir de ses facultés intellectuelles comme tout autre homme et comprendre ce qui se passe devant lui. A l'héritier évincé de prouver que ce muet était incapable !

— Les témoins doivent entendre et la langue française et le patois ou dialecte dont se sert le testateur. Plus loin (page 120) nous dirons pourquoi.

§ 4.

Personnages nécessaires à l'accomplissement du testament.

— Dans la scène juridique où se passe le testament, il y a : un homme qui explique ses dernières volontés, un notaire assisté de quatre témoins ou deux notaires assistés de deux témoins, qui recueillent et constatent les volontés exprimées.

La présence d'un plus grand nombre de notaires et de témoins, ayant tous aptitude légale, est superflue, mais n'occasionne certainement pas de nullité : *Utile per inutile non vitiatur*.

Quid de la présence du légataire ? S'il n'assiste à la séance que comme spectateur, l'acte ne sera pas nul. Cependant il n'est pas convenable qu'il reste là ; il peut gêner la liberté du testateur, et des soupçons de captation pourraient planer sur sa tête. Mais si on avait la maladresse de lui faire accepter le legs, il y aurait, selon moi, nullité du testament, qui alors ne serait plus la propre pensée, l'œuvre exclusive d'un seul, et contiendrait un mélange de volonté étrangère (page 75).

Un testament reçu par trois notaires et sans assistance de témoins serait-il bon? Il serait nul. Sans doute, quand l'officier public instrumente avec un collègue, il n'a besoin que de deux témoins au lieu de quatre; mais l'art. 971 ne dit pas pour cela qu'un notaire remplace toujours deux témoins. En matière de formalités, on ne peut rien refaire, rien innover : on n'a qu'à obéir.

— Voyons maintenant le rôle que joue chaque personnage.

§ 5.

Rôle du testateur.

Dicter ses dispositions, en entendre la lecture, signer l'acte ou déclarer pourquoi il ne le signe pas.

— Notre testament public est à peu près l'image de l'ancien testament nuncupatif écrit. Aussi l'art. 972 du Code exige-t-il, comme l'exigeait l'art. 5 de l'ordonnance, que le disposant expose ses intentions à haute et intelligible voix. Il faut dans ce testament la manifestation orale et personnelle de la volonté; il faut que le testateur *dicte* ses dispositions ! Il les dicte au notaire, qui les transcrit sur-le-champ.

Le mot *dicter*, dont je donnerai plus loin (p. 129) le sens précis, exclut toute idée de participation de la main du testateur à l'écrit qui se dresse.

— Puisque le disposant n'écrit pas l'acte, il est naturel qu'on lui en donne la lecture ; autrement il ne saurait pas si sa pensée a été reproduite avec exactitude. « Il doit en être donné lecture au testateur » (art. 972).

— Ses dispositions étant dictées, écrites et lues, il y appose sa signature ou déclare pourquoi il ne les signe pas (art. 973).

Les actes et les contrats de la vie civile, sauf de rares exceptions, n'ont aucune valeur s'ils ne portent le seing manuel de leur auteur sachant signer ; ils sont considérés comme de simples ébauches, de simples velléités. On ne s'expliquerait donc pas comment, sur l'acte le plus important, le plus solennel de tous, la signature ne fût pas obligatoire. Elle est obligatoire. Partant, d'après les principes généraux et d'après l'art. 973, un testateur, qui peut signer et ne le fait point, ne persévère pas dans ses volontés.

Quand il ne peut pas souscrire l'acte, il est tenu de déclarer et d'expliquer lui-même l'impossibilité où il est de tracer son nom. En outre, il est tenu d'indiquer la cause de son empêchement. « Il sera fait dans l'acte mention expresse de sa déclaration, ainsi que de la *cause* qui l'empêche de signer » (art. 973). En déclarant qu'il signerait, si son ignorance ou telle infirmité n'y était pas un obstacle, il prouve la persévérance de sa volonté tout aussi bien qu'en signant, s'il pouvait signer. Cependant une pareille déclaration, à laquelle la loi attache, comme à la signature, une présomption de persistance dans nos volontés, n'équipolle réellement à la signature qu'autant qu'elle est véridique. Si elle était démontrée mensongère, le testament serait nul jusqu'à la racine. Une déclaration telle quelle ne suffit pas, elle ne satisfait ni la raison ni la loi. La loi désire que la cause de l'empêchement soit connue, c'est-à-dire que la vérité soit déclarée ; donc l'indication d'une fausse cause est un manquement grave au prescrit de l'art. 973 et équivaut au refus de signer.

L'attestation de la cause d'empêchement peut-elle émaner du notaire sans être sortie de la bouche du testateur ? On l'a soutenu, en prenant l'art. 973 trop judaïquement au pied de la lettre. On a soutenu une erreur. Sans doute, aucun mot de l'article ne dit carrément qu'il est nécessaire que le testateur indique pourquoi il ne signe pas ; mais l'esprit de l'article nous le dit ! mais le bon sens nous le dit ! et c'est bien assez. Cet art. 973, dont la rédaction, je l'avoue, laisse un peu à désirer, demande ou une signature ou une déclaration du testateur. Il est divisé en deux parties qui se font antithèse : dans la première, il s'agit de la signature ; et de la déclaration, dans la seconde ; et il est aisé de voir que dans cette seconde partie on ne parle que de la déclaration de celui qui teste, car les expressions « *s'il* déclare..., *sa* déclaration..., la cause qui *l'*empêche de signer, » sont des plus significatives. Et comment le notaire saurait-il au juste s'il y a impuissance réelle ou mauvais vouloir chez son client ? D'ailleurs, comment saurait-il que c'est par faiblesse, paralysie ou tremblement nerveux que le testateur ne peut pas signer ? J'admets qu'il le sache, son client le saura bien mieux encore ! et puis, la déclaration de ne pouvoir signer sortant de la bouche du testateur, l'indication de la cause en sortira d'elle-même et naturellement.

Mais, bien entendu, une déclaration qui n'est pas conforme à la vérité ne vicie l'acte que dans le cas où elle a été faite intentionnellement. Paul Scapin , sentant sa droite parfaitement valide, mais se sentant en même temps dans les filets d'un rusé et habile captateur, déclare que sa main est paralysée ; le testament sera nul !... Le père François, laboureur, d'un esprit peu cultivé et qui trace lentement et péniblement son nom en caractères grossiers, dit de bonne foi qu'il ne sait signer : son légataire gagnera le procès.

§ 6.

Rôle des témoins.

Être présents à la confection de l'acte et le signer.

— Tous les auteurs nous disent que la présence des assesseurs de l'officier ministériel est nécessaire depuis le commencement jusqu'à la fin de la célébration du testament ; mais aucun d'eux n'a édifié son sentiment sur une base solide, sur une argumentation sérieuse. Ils affirment que les témoins doivent être là pour surveiller ce qui se passe et contrôler l'œuvre du notaire, parce que sans cette surveillance spéciale l'acte ne reflèterait peut-être pas dans toute sa pureté la pensée du testateur.

Une simple affirmation n'a aucune valeur si elle n'est fondée sur un axiome. Or, la vérité que proclament les auteurs n'est point évidente par elle-même. Ils ne l'appuient d'ailleurs sur aucun texte législatif.

Quelques-uns cependant argumentent de la manière suivante : L'art. 971 veut que le testament soit reçu en présence de témoins ; recevoir un acte, c'est le rédiger et y présider du commencement à la fin ; donc les assesseurs de l'officier public resteront avec lui pendant toute l'opé-

8

ration ! L'argument est mauvais. La réception d'un acte
ne demande pas toujours la présence réelle des témoins.
Le sens de l'art. 9 de la loi du 25 ventôse, qui n'appa-
raissait jusqu'en 1843 que comme une lueur vacillante et
douteuse, a été fixé législativement à cette époque ; dès
lors, il est devenu certain que les actes notariés sont en
forme, quoiqu'ils ne soient lus au notaire en second ou aux
témoins et contresignés par eux qu'après coup, sauf de
rares exceptions ; et encore, quant aux actes exceptés de
la règle générale, c'est assez que le second notaire ou les
deux témoins assistent à la lecture et à l'apposition des
signatures. Donc nos textes tout seuls sont impuissants à
enfanter la conclusion que la doctrine en a très-illogique-
ment tirée. L'art. 972 surtout la contrecarre énergique-
ment ; il n'exige la présence réelle que pour la lecture ;
donc, pourrait-on dire, il ne la prescrit ni pour la dictée,
ni pour l'écriture.

C'est dans le passé, dans le droit romain et dans notre
ancienne jurisprudence, qu'il faut aller chercher la lumière
qui éclairera les obscurités de nos articles. De sorte que,
selon moi, si le fil de la tradition se rompait, si un jour le
flot de la barbarie détruisait tous les monuments de notre
vieux droit et ne jetait sur le rivage que le Code civil et
la loi de ventôse, la sagacité des interprètes ne réussirait
jamais à découvrir la portée des art. 971 et 972.

Le testament par acte public est l'image du testament
nuncupatif écrit d'autrefois (voir page 103). Or, le testament nuncupatif était tout entier fait en présence des
témoins, puisque le disposant confiait ses dernières volontés à leur bonne foi et à leur souvenir ; d'un autre côté,
l'art. 5 de l'ordonnance de 1735 voulait que les témoins

fussent présents à la réception entière du testament nuncupatif écrit. Donc, notre testament par acte public se
passe réellement et complètement devant les témoins. La
dictée, l'écriture, la lecture, toutes les formalités s'accomplissent en leur présence.

De même que jadis les témoins étaient appelés pour
recueillir et conserver les pensées du testateur, de même
aujourd'hui ils sont appelés pour bien comprendre ce que
veut le disposant et certifier que sa volonté est fidèlement
reproduite sur le papier qui leur est lu. Il faut donc qu'ils
soient là, pour entendre les paroles du testateur, pour voir
le notaire écrivant ce qui lui est dicté, pour recevoir la
lecture de ce qui est écrit par l'officier ministériel, et pour
signer et voir signer l'acte qui est ainsi dressé sous leurs
yeux ; autrement ils ne pourraient pas attester que l'instrument renferme bien les pensées exprimées par le testateur. Leur rôle est un rôle analogue à celui de l'officier
public ; ils instrumentent en quelque sorte avec lui ; comme
lui, ils affirment que tel homme a dicté telles dispositions.

Je le répète, notre testament public n'est autre que
l'antique testament verbal des Romains. Le notaire n'est
ici qu'un témoin qui tient la plume et qui préside la séance.
Tous ceux qui entourent le testateur doivent attester ses
volontés, et elles sont attestées sur-le-champ et consa-
crées dans un acte authentique, tandis que jadis elles
étaient confiées à la mémoire des témoins et affirmées
devant le magistrat après la mort du testateur.

— C'est en vertu du grand principe que je viens de
mettre en relief, et qui se trouve au fond des art. 971 à
973, que la loi impose au notaire l'obligation de lire son
acte au testateur *en présence des témoins*, pour qu'ils

s'assurent que celui-ci reconnaît bien dans la lecture l'expression de ses volontés ; pour qu'aucune parole, aucun signe d'improbation de sa part ne leur échappe. Il est bon surtout, il me paraît même indispensable, quand le disposant est malade et qu'après la dictée il a perdu l'usage de la voix, que, pendant la lecture, les témoins examinent son attitude, pour qu'ils soient sûrs qu'il ne fait point de gestes dénégatifs. La lecture, donnée séparément au testateur et aux témoins, ne satisferait donc pas le vœu de la loi : « Il doit être donné lecture au testateur en présence des témoins » (art. 972).

— De cette règle certaine que le testament se passe en entier sous les yeux des témoins, dérivent encore les conséquences suivantes :

1° Les témoins seraient inhabiles à remplir leur mandat, s'ils ne comprenaient pas le patois, le dialecte dans lequel s'exprime le testateur ; leur présence équivaudrait à celle de quatre hommes atteints d'une surdité complète. Il est nécessaire, en outre, que notre langue leur soit familière. En effet, le notaire, après avoir écrit son acte en dialecte étranger, met à mi-marge une traduction en français ; or, c'est la leçon française (comme je le démontrerai, p. 134) qui est authentique, qui seule fait foi aux yeux de la loi et seule reflète les volontés du testateur ; donc la lecture doit en être donnée aux témoins et comprise par eux.

Mon opinion n'est pas celle de la généralité des auteurs. Beaucoup enseignent qu'il suffit que les témoins aient l'intelligence de la langue étrangère. C'est, disent-ils, en cette langue-là que la lecture est donnée au testateur ; et le notaire, à qui incombe le travail de la traduction, est

un interprète officiel et assermenté qui mérite toute confiance. — Je répondrai : on donne lecture au testateur en
langue étrangère, parce qu'il y a impossibilité de faire
autrement et qu'il serait par trop absurde de lui lire ce
qu'il ne saurait comprendre, tandis qu'il y a toujours
possibilité de trouver des témoins qui entendent les deux
langues. Le notaire écrit de sa main la traduction française, mais il n'est pas le seul traducteur ; les témoins
doivent traduire avec lui, car ils ont à surveiller l'expression, sur l'instrument authentique, des dispositions dictées en leur présence, et c'est la leçon française qui seule
a le caractère de l'authenticité et seule renferme légalement les volontés tombées des lèvres du testateur.

2° L'apposition des signatures, étant une des phases
de la scène du testament, a lieu en présence des témoins ;
le testateur et le notaire signent sous les yeux des témoins.
Eux-mêmes mettent leur seing chacun en la présence
des autres et en la présence du testateur et de l'officier
ministériel.

En un mot, ils ne se retirent que quand tout est fini !

§ 7.

Rôle du notaire.

Recevoir l'acte, en observant les formalités générales
prescrites par la loi de ventôse et les formes particulières
édictées par le Code, et notamment voir et écouter le testateur, comprendre ses volontés, les écrire lui-même, en
donner lecture lui-même.

— Les testaments par acte public, sauf les testaments privilégiés, sont reçus par les notaires (voir page 105).

Recevoir un acte, c'est entendre les conventions, les déclarations des parties, les rédiger et les fixer par écrit selon le rite légal, de manière à leur conférer la foi et le degré de crédibilité qui s'attachent aux actes de l'autorité publique.

L'officier ministériel n'est pas tenu personnellement d'écrire et de lire les actes ordinaires qu'il reçoit ; il est tenu d'écrire et de lire les testaments. Une telle sévérité était nécessaire pour la confection d'un acte aussi délicat, et dans lequel la fraude ou l'erreur aurait des conséquences d'une gravité exceptionnelle.

— Le testateur expose ses intentions ; il les dicte au notaire, et le notaire les transcrit. « Le testament doit être écrit par l'un de ces notaires, tel qu'il est dicté... » (art. 972). L'officier public écrit donc sous la dictée du disposant ! Il faut donc qu'il soit là en présence de celui qui parle ; qu'il prête bien l'oreille à ce qui est dit, qu'il le comprenne, et que de sa propre main il fixe sur le papier ce qu'il a entendu et compris. Le verbe *écrire* indique positivement ici une opération manuelle et physique, et n'est certes pas synonyme de *rédiger*, qui est un travail de l'esprit.

Le notaire, écrivant lui-même, commettra moins d'erreurs que ne le ferait un de ses clercs, et toute altération ultérieure par une plume étrangère devient impossible. En outre, l'officier public, connaissant l'énorme pénalité qu'il encourrait en perpétrant un faux, le commettra plus difficilement que son clerc. Le crime de faux se commettrait en écrivant une somme, ou une chose pour une autre, en ajoutant une disposition dans un espace de quelques lignes laissé en blanc, ou à la fin d'une ligne commencée.

— Le mot *dictée* suppose la présence de l'écrivain devant celui qui profère les paroles. Le notaire se tiendra donc près du testateur ; et s'il s'avisait, après avoir écouté ce dernier, d'aller seul ou avec les témoins, dresser l'acte dans une pièce voisine, le testament serait radicalement nul. *A fortiori* ne pourrait-il pas se tenir avec les témoins dans une pièce, tandis que le testateur, couché dans une autre, se ferait entendre de son lit. Il est commis par la loi non-seulement pour transcrire ce qu'on lui dicte, mais encore pour présider à la séance et rendre compte de ce qui s'y passe. S'il ne voyait pas le disposant, comment affirmerait-il que c'est bien lui qui a dicté? Aussi, quand il est appelé au chevet d'un moribond, il a soin de faire écarter les rideaux du lit, pour être sûr que personne ne parle à la place d'un homme endormi ou déjà trépassé.

— De ce que l'art. 972 impose au notaire l'obligation de recueillir et d'écrire lui-même les volontés du testateur, s'ensuit-il que l'entête de l'acte et le protocole de la clôture ne puissent être de la main d'un tiers? Non certes. L'art. 972 est employé dans un sens restreint et ne vise que le dispositif; car c'est à proprement parler à partir de la dictée que commence le testament; ce sont les paroles prononcées par celui qui teste et écrites par l'officier public, qui constituent réellement le testament, de même que le testament verbal des Romains consistait dans le prononcé des dispositions, indépendamment de l'écrit que les sept témoins étaient libres de dresser après coup.

Cependant je conseille fort aux rédacteurs de testaments publics de les transcrire eux-mêmes d'un bout à l'autre, car des tribunaux peu éclairés pourraient bien, en lisant judaïquement notre art. 072, prendre le mot testament *lato sensu* et ne voir aucune différence entre le dispositif et les deux autres parties de l'acte.

— Puisque le dispositif doit être tracé et peint tout entier par le notaire, la moindre lettre ou fraction de lettre qui serait l'œuvre d'une plume étrangère, ici comme dans le testament olographe, serait une cause de nullité. Nous n'aurions plus la forme prescrite par la loi. L'officier public ne peut donc permettre à personne, pas même au testateur, de l'aider à tracer son acte.

Tracé en entier de la main du disposant, l'acte n'équivaudrait pas à un testament olographe (voir page 100).

— La constatation des mots rayés, à la marge, peut-elle être faite par un autre que le notaire? Je distingue : non, si le dispositif contient des ratures, car alors la mention marginale se rattache à cette partie de l'instrument; oui, dans l'hypothèse inverse.

— Lorsque deux notaires instrumentent ensemble, permis à eux de tenir la plume tour à tour. Le texte de notre article semble décider le contraire. « Il doit être écrit par l'*un* de ces notaires ». Mais, en y faisant attention, vous vous convaincrez qu'il n'a rien d'exclusif. En effet, il faut bien que ce soit l'*un* d'eux qui écrive, puisqu'ils ne sauraient tous deux écrire en même temps sur même papier; et puis les mots : « leur est dicté, » ne démontrent-ils pas que la dictée est faite à tous deux ou à l'un d'eux indifféremment? Autre raison encore : c'est que les deux officiers publics sont revêtus d'une égale autorité ! à la condition, bien entendu, qu'ils assistent à la séance en qualité de notaires; si l'un d'eux n'y figurait

que comme simple témoin, il n'aurait ni le droit d'écrire,
ni le pouvoir de remplacer deux assesseurs.

— Le testament écrit, la lecture en est donnée *par le
notaire* au disposant. Aucune autre personne ne peut lire
l'acte.

Proposition fortement controversée, mais dont la vérité va jaillir des syllogismes suivants.

Si l'officier public n'a pas tout seul mission de lire le
testament, celui qui dispose, ou l'un de ceux qui assistent
le notaire, a le pouvoir de faire la lecture ; or, les rôles de
testateur et de témoin sont incompatibles avec celui de
lecteur ; donc ce n'est pas à eux de lire l'acte. Les rôles
de testateur et de témoins sont incompatibles avec celui
de lecteur ! En effet, la loi dit : « Il doit en être donné lecture *au* testateur » ; ce qui signifie qu'il ne lira pas, mais
qu'il écoutera. Ensuite elle ajoute : « en présence des
témoins »; ce qui signifie que les témoins, à ce moment de
la scène, n'ont qu'une chose à faire : regarder et écouter.
Et cette attitude du testateur et des témoins pendant la
lecture, la logique la plus pure, le simple bon sens la
commanderait, si la loi ne l'avait elle-même commandée.
Que le testateur se mette à lire un acte, qui pour ses yeux
est plus ou moins lisible, il n'apercevra peut-être pas les
erreurs échappées à l'écrivain, et il prononcera peut-être
les phrases essentielles telles qu'elles sont imprimées dans
sa mémoire, bien qu'elles soient gravées autrement sur le
papier ! Que l'un des témoins lise, nous avons un danger
pareil à redouter. Enfin, pourquoi la lecture *au testateur*
et en présence des témoins ? Pour qu'ils soient sûrs que la
disposition a été exactement transcrite. Eh bien ! ils en
seront beaucoup plus sûrs en entendant lire qu'en lisant

eux-mêmes : il est positif que nous comprenons mieux ce
qu'on nous lit que ce que nous lisons aux autres ; c'est un
travail réel que de déchiffrer des phrases et d'articuler des
sons, et ce travail empêche de porter toute notre attention
sur les idées exprimées par les mots. La loi ne nous parle
que des acteurs indispensables à la célébration du testament : testateur, notaires et témoins ; elle ne prévoit pas
l'hypothèse où des personnes étrangères y assisteraient.
Donc, puisqu'elle ne donne le rôle de lecteur ni au disposant ni aux témoins, elle l'attribue à l'officier public. Donc
ces expressions : « il en doit être donné lecture », qui, vues
isolément, offrent à nos yeux quelque chose de vague et
d'incertain, nous révèlent une idée claire et précise quand
d'un œil intelligent nous les comparons et les combinons
avec le contexte.

Je suppose qu'un intrus assiste à la séance, ou qu'on y
ait invité un parent, un ami : il serait imprudent de lui
confier la lecture de l'acte. Lui aussi ne le lirait peut-être
pas bien et prononcerait, par exemple, *dix mille* francs,
conformément à la dictée, tandis que l'instrument porte-
rait *deux* mille. Un tiers, aposté par les héritiers, ou héritier lui-même, pourrait se faire décerner officieusement
le rôle de lecteur, tout exprès pour empêcher le notaire de
revoir son acte et d'y réparer les erreurs qui lui seraient
échappées.

Si c'est l'écrivain lui-même qui lit son manuscrit, nous
avons une garantie de plus : il s'apercevra non-seulement
des omissions ou des substitutions de mots qu'il aurait
commises, mais des fautes d'orthographe et de ponctuation, qui sont inséparables d'un premier jet de la plume ;
et nous savons qu'un mot, une tirade mal ponctuée, mal

orthographiée obscurcit et dénature quelquefois le sens de l'écrit.

— Comme corollaire de la proposition que je viens d'établir, je conclus que l'officier public n'est pas tenu personnellement de faire la lecture du préambule et de la clôture de son acte.

Mais il lira tout le dispositif, même les paragraphes et les mots inutiles ou ridicules ; sinon la formalité voulue, le rite légal ne serait pas célébré ponctuellement.

Il le lira « au testateur » ! Que celui-ci ait besoin de s'absenter pendant quelques minutes, ou, étant malade, qu'il ait une potion à absorber, une crise à supporter, ou soit pris de syncope, la lecture devra être interrompue ; la lecture serait non avenue si elle n'était pas comprise par le disposant ! Elle est ordonnée, non-seulement pour que l'écrivain corrige les imperfections de son style, mais encore, et principalement, pour que l'homme qui a dicté et les témoins dont il est entouré soient sûrs que la lecture est bien l'écho des paroles et de la pensée personnelle du testateur.

Il le lira au testateur, « en présence des témoins » ! Il cessera de lire, s'il faut que l'un d'eux sorte pendant quelques instants.

— Le testateur choisit souvent ses témoins lui-même ; mais, comme la plupart du temps il ignore les causes qui produisent l'incapacité, c'est au notaire, au ministre de l'acte, de s'assurer de leur aptitude légale.

§ 8.

Formalités spéciales prescrites par le Code.

Dictée par le testateur ; écriture et lecture par le notaire ; mentions ; signatures.

— Nous avons déjà parlé de quelques-unes de ces formalités, en expliquant la nature des rôles confiés aux acteurs du testament public ; mais nous ne les avons envisagées qu'à un seul point de vue. Nous avons maintenant à les examiner, en nous plaçant à des points de vue différents.

1° LA DICTÉE.

— Le testament « est dicté par le testateur » (972) ; aucun autre, à sa place, n'a le droit de faire la dictée. Vainement le testateur ferait lire, en sa présence, au notaire et aux témoins, un écrit émané de lui et dont il approuverait chaque phrase par des gestes significatifs ; nous n'aurions pas là la dictée voulue, cette nuncupation personnelle qui est la base, la formalité fondamentale du testament public. C'est de la bouche du testateur que doivent tomber les paroles, que recueillent le notaire et les témoins. Au moyen de cette dictée, les volontés du disposant se manifestent clairement et librement ; les erreurs, la fraude et les suggestions sont moins à craindre.

— Puisqu'on est tenu de prononcer soi-même ses dispositions, il n'y aurait pas testament si l'on ne faisait que répondre par des monosyllabes aux interrogations qui seraient adressées par quelqu'un. Déjà, dans l'ancien droit et avant l'ordonnance, le testament fait par *interrogat* était déclaré nul, comme pouvant favoriser les suggestions et les surprises.

Le notaire, conseil et guide naturel de ses clients, doit cependant, si le testateur commet une omission ou dicte quelque chose qui blesse les lois ou les mœurs, lui en faire l'observation ; il peut même l'aider un peu à démêler ses idées ; et alors, quoique le disposant modifie son langage et sa diction, l'acte est parfaitement valable.

Il est une clause que, la plupart du temps, le notaire est obligé d'inspirer aux testateurs : la clause de préciput. Vous léguez une partie de votre fortune à l'un de vos parents : si vous ne dites pas qu'il cumulera, dans le partage de votre hérédité et la part que vous lui attribuez et la part que lui attribuera la loi, votre testament sera non avenu, à moins que le légataire ne renonce à la succession. C'est là dans notre législation une bizarrerie inconcevable, que le notaire a toujours dans la mémoire.

— Le mot « dicter » de notre article ne saurait être pris dans son sens rigoureux et technique. Dicter, c'est prononcer lentement et mot à mot ce qu'un autre écrit en même temps ; or, si le testateur était obligé, comme le maître d'école, d'articuler magistralement des phrases, qu'une plume d'oie ou d'acier transcrirait d'une façon machinale et servile, le testament public serait rarement praticable et serait le plus souvent un monument absurde et risible. _Dicter_ signifie, dans l'art. 972, expliquer verbalement ses intentions au notaire, qui les rédige et les fixe sur le papier. L'ordonnance de 1735 portait que « le testateur prononcera intelligiblement toutes ses dispositions » et que le notaire ou tabellion « écrira lesdites dispositions à mesure qu'elles seront prononcées ». Les rédacteurs du Code, qui avaient l'ordonnance sous les yeux, ont évidemment voulu dire ce qu'elle disait elle-même ; seulement ils ont eu tort d'employer le mot « dicter » au lieu des expressions bien plus larges qu'ils n'ont pas jugé à propos de copier. Aussi la doctrine et la jurisprudence ont-elles fait bon marché du fameux verbe *dicter* de l'art. 972 ; elles en ont forcé et de beaucoup élargi la signification étymologique et vulgaire : d'après elles il y a dictée suffisante, quand le testateur expose oralement ses volontés, en n'importe quel ordre, en n'importe quels termes, en n'importe quel idiome, et que le notaire, s'attachant aux pensées plutôt qu'aux paroles, rédige les dispositions méthodiquement et en bon français.

Au lieu d'improviser ses phrases, le testateur peut les établir d'avance par écrit et les lire ensuite au notaire et aux témoins. Ce mode d'opérer, conseillé par quelques auteurs, offre de réels avantages ; mais je crois qu'il offre aussi un inconvénient grave. Supposez que le notaire soit indélicat et s'entende avec l'un des légataires ou avec l'héritier présomptif ; il fournira un projet où les dispositions ne seront pas toutes correctement expliquées et dans lequel il y aura des mots inintelligibles pour un testateur à demi lettré. Dans cette hypothèse, le testateur n'aura pas dit ce qu'il voulait, et les témoins, qui ne l'auront pas entendu s'exprimer dans son langage habituel, signeront sans avoir compris sa véritable pensée !

— Le préambule et la clôture, œuvre exclusive du notaire, évidemment ne sont pas dictés par le disposant. Mais la clause révocatoire passera par sa bouche, sous peine de nullité, car elle est insérée dans le dispositif de l'acte.

— Un étranger qui veut tester en France en la forme publique et qui ignore notre langue nationale ne peut se servir d'un truchement. Il n'est permis à personne de tester par mandataire, par l'organe de qui que ce soit (page 76); le notaire et les témoins sont les seuls interprètes en même temps que les certificateurs des phrases et des pensées du testateur. C'est de sa bouche qu'ils recueillent ses désirs, ses volontés, pour les imprimer sur le papier avec le cachet de l'authenticité. Si nos plus chères volontés étaient dictées par une autre voix que la nôtre, nous ne saurions pas si elles auraient été énoncées avec fidélité. L'étranger est donc obligé de choisir un officier public et quatre témoins connaissant sa langue et la nôtre.

— Y aurait-il dictée suffisante, si le testateur se contentait de se référer à un acte authentique contenant la désignation des légataires ou des objets légués? Non.

La dictée dans le testament public est ordonnée pour que la substance de nos dispositions, le fond de nos pensées soit connu du notaire et des témoins. J'ai constaté ci-dessus que le notaire qui écrit sous la dictée a à reproduire non pas les mots, mais les idées; il faut donc qu'il saisisse et que les témoins saisissent comme lui les idées du disposant; or, saisir une disposition c'est en comprendre l'étendue et la portée. D'un autre côté, notre testament public est l'image du testament nuncupatif romain, qui était une déclaration faite par le testateur de sa propre pensée et du fond même de ses dernières volontés. Donc, quand nous testons par acte public, nous devons expliquer à l'officier ministériel et aux témoins le fond, la substance de nos volontés; et si nous nous bornons à leur dire que nous léguons les objets décrits dans tel acte, ils ne partageront pas le secret de nos dernières volontés.

La dictée est ordonnée pour prévenir les surprises, les captations ; eh bien ! si elle consistait en une relation sommaire à un acte précédent, il deviendrait facile d'abuser de la faiblesse de mémoire d'un vieillard. Il y aurait un danger bien plus grave encore ! Si la désignation des objets légués ou des légataires pouvait être établie dans un acte séparé, œuvre presque exclusive du notaire, ne voyez-vous pas que celui-ci serait bien souvent le seul maître du testament ? que, s'il était indélicat et se laissât suborner par un parent déshérité ou par un légataire insatiable, il aurait toute facilité, dans l'ombre de son cabinet, d'altérer son acte, surtout si l'acte n'était pas encore enregistré, que les mots rayés n'y fussent pas comptés ou que le testateur n'y eût pas apposé de signature ?

Enfin, si la substance de nos dispositions n'est pas connue de l'officier public et des témoins, on fabrique une sorte de testament mystique que la loi n'a point organisé. N'est-il pas vrai que, l'instrument prétendu testamentaire étant dressé à Marseille, l'acte descriptif peut être à Paris, à Londres ou à Pékin ?

— Il est une autre question célèbre, connexe à celle que je viens d'examiner et dont je ne puis m'empêcher de dire quelques mots.

Les tribunaux et les auteurs admettent généralement qu'un premier testament valable, révoqué par un second, reprend toute sa force, si celui-ci est à son tour cassé par un simple acte révocatoire indiquant l'intention du testateur de revenir à ses premières dispositions. On appuie cette proposition sur ce motif que la solennité du premier testament, malgré le retrait de la volonté, subsiste toujours, et que, pour le vivifier, on n'a qu'à rattacher cette volonté à la forme par un moyen quelconque. Argument qui a été développé, ou plutôt inventé par l'illustre d'Aguesseau avec un langage des plus séduisants (voir son 46e plaidoyer). D'Aguesseau n'a créé là, à mes yeux, qu'un brillant paradoxe.

Les solennités du testament n'ont pas une existence distincte de la volonté exprimée; elles n'en sont que la manifestation légale; elles en sont l'enveloppe, l'accessoire; elles servent à lui donner une réalité extérieure et sensible; elles s'évanouissent donc et tombent dans le néant, quand la volonté est anéantie. J'admets un instant avec d'Aguesseau que la forme puisse subsister encore malgré l'anéantissement de la volonté; je soutiendrai que cette forme, quelque correcte qu'elle ait été, ne peut plus servir. En effet, il ne suffit pas, pour qu'il y ait testament, d'adapter, n'importe comment, la forme à la volonté; il faut nécessairement que les formalités se célèbrent au moment même où se produit la volonté, car elles ont été inventées pour rendre certaine l'émission de nos derniers désirs, et nous protéger contre les manœuvres de la captation et de la fraude, lorsque nous dictons nos dispositions; or, la solennité testamentaire que nous aurions fait accomplir antérieurement ne nous serait évidemment d'aucun secours; elle aurait à peu près la valeur de l'enveloppe de papier déchirée qui aurait contenu une première missive, et dans laquelle on voudrait envoyer par la voie postale une somme déclarée.

2° L'ÉCRITURE.

— Nous savons ce qu'est l'écriture; je l'ai dit à propos du testament olographe (page 85).

Nous savons que le notaire seul doit tenir la plume pour peindre le dispositif du testament public (page 122). Ce travail consiste à rendre sur le papier, avec la plus grande exactitude, les pensées qui ont été exprimées, sans trop s'occuper des mots dont on s'est servi (*supra*, page 130). Le tabellion n'est pas obligé, quoi qu'en dise l'art. 972, d'écrire le testament « tel qu'il est dicté ». Reproduire textuellement les paroles tombées des lèvres du testateur, ce serait fort souvent commettre des barbarismes et des fautes de langage risibles, outrager la syntaxe, coudre du patois à du français, dresser un acte inintelligible à cinquante lieues au delà, ou dans cinquante ans, si l'instruction va progressant. La loi ne commande pas une telle absurdité. Le notaire est le secrétaire des parties; qu'il soit donc, comme quelqu'un l'a dit, secrétaire habile et intelligent !

Bien plus, il est de son devoir, quand le testateur parle un dialecte étranger, d'écrire la disposition en français (ord. du mois d'août 1539; décr. du 2 therm. et du 16 fruct, an II; arr. du gouvernement du 24 prair. an XI; cass. 4 mai 1807) : tant il est vrai que l'officier public n'est pas tenu d'écrire l'acte « tel qu'il est dicté » !

A l'avénement du Code, les notaires de Bruxelles, trouvant contradictoire qu'on les obligeât à rédiger les actes en langue française, quand, d'un autre côté, la loi oblige à transcrire les testaments tels qu'ils sont dictés, soumirent leur réflexion au ministre de la justice, et, le 29 ther-

midor an II, reçurent cette réponse : « Lorsque la loi dit
que le testateur dictera son testament, elle ne dit pas
que ce sera en français ; on ne peut pas forcer quelqu'un de
parler une langue qu'il ne sait pas. Le notaire est seulement tenu de rédiger le testament en langue française ;
rien n'empêche d'ailleurs qu'il n'en fasse une traduction
en flamand à mi-marge ; l'arrêté même du 24 prairial
an XI l'y autorise, mais cette traduction n'aura pas l'authenticité de la rédaction française. »

Conformément à la lettre ministérielle, il est d'usage
de mettre, en regard du texte, une traduction en l'i-
diome dont le testateur s'est servi ; mais je ne vois là rien
d'obligatoire, puisque c'est la leçon française qui est
considérée comme authentique.

— Le dispositif du testament se rédige ordinairement
à la première personne. Toutefois, la rédaction à la troisième personne est parfaitement valable : dans notre droit
nous n'avons aucun mot sacramentel ou cabalistique ;
nous avons démontré, d'ailleurs, que le verbe « dicter »
de l'art. 972 a une très-grande élasticité.

— A quel moment le notaire doit-il écrire les dispositions ? Il les écrira après que le testateur les aura prononcées, et sans laisser un intervalle trop long entre l'au-
dition des paroles et la transcription. Il faut, je crois,
que l'officier public, au moment où sa main travaille,
soit censé avoir parfaitement en la mémoire ce qu'il vient
d'entendre. Il peut, par conséquent, après le prononcé
des dispositions, prendre un instant pour coordonner ses
phrases sur un brouillon ou dans son esprit, et les écrire
ensuite. Mais supposez qu'au lieu de faire ainsi, notre
tabellion, après avoir écouté son client, se mette à péro-

rer, à pousser une longue digression sur le terrain de la politique, ou bien à savourer savamment une tasse d'excellent moka et la fumée d'un magnifique londrès, et qu'il trace ensuite l'instrument testamentaire, il aura réussi à nous faire un acte nul !

De ce principe dérivent-les trois corollaires suivants :

1° Si les dispositions sont longues ou nombreuses, il y aurait nullité à les laisser réciter d'un bout à l'autre, puis à les transcrire d'un seul jet sans donner la parole au testateur. Le vœu de la loi ne serait pas accompli ; elle exige en effet que le papier reproduise l'image fidèle des pensées du testateur ; et, sachant que le vent de la distraction peut effacer de la surface de notre mémoire une impression produite peu de temps auparavant, elle recommande à l'officier public d'inscrire sur ses tablettes les dispositions, à mesure qu'il les recueille. Il faut donc, lorsqu'une nuncupation générale est faite de prime abord, en écrire une partie, ou la première disposition ; prier le testateur de répéter la seconde, et l'écrire ; le prier de redire la troisième, et l'écrire, et ainsi de suite jusqu'à la fin. Dans le cas où le notaire commencerait par tout rédiger sur un brouillon, il serait tenu, quand il le recopierait, de provoquer des récitations partielles.

2° Le testament étant parachevé, mais surchargé de renvois, de ratures ou de taches d'encre, le notaire juge à propos de le transporter sur une autre feuille ; il le déchire et le recommence séance tenante : est-il indispensable que la rédaction du nouvel exemplaire soit précédée d'une seconde nuncupation? Oui, si le corps de l'acte anéanti avait une certaine longueur; non, dans l'hypothèse contraire.

3º On veut dresser un testament en double minute : comment s'y prendre ? Si la confection du premier exemplaire n'a demandé qu'un laps de temps très-court et que les paroles du testateur soient censées résonner encore à l'oreille des notaires, une nouvelle dictée sera inutile ; l'un des notaires copiera la minute déjà faite. Si les dispositions ont été de longue haleine, le testateur répétera ce qu'il a dit ou lira le premier original.

3º LA LECTURE.

— Nous avons déjà parlé de cette formalité, que le notaire seul a mission d'accomplir (voir p. 125).

Donner lecture, c'est prononcer devant quelqu'un, à haute et intelligible voix, des phrases couchées sur le papier. Dans la confection du testament, la voix du lecteur doit résonner clairement et à un diapason tel qu'elle puisse arriver jusqu'à l'oreille du testateur et des témoins et y produire impression.

C'est en entendant lire que le disposant devient certain que ses pensées ont été saisies et bien reproduites ; c'est en entendant lire que les témoins sont sûrs que l'instrument dressé par le notaire contient le sens exact des paroles proférées par le testateur.

La lecture est donc de l'essence du testament public ; elle est un élément considérable de certitude, et elle est recommandée en termes très-impératifs : « il en doit être donné lecture au testateur » (art. 972).

— Que faut-il lire à peine de nullité ? Le dispositif seulement. L'art. 972 veut que le notaire lise ce qui lui est dicté ; or, le testateur ne dicte ni le préambule ni la clôture. Mais l'officier ministériel donnera lecture du dispositif tout entier, même des phrases inutiles et absurdes et des clauses nulles : en effet, une formalité ne s'accomplit pas à demi, et celle de la lecture ne serait pas parfaite, parachevée, si le moindre mot était passé sous silence.

Quant au protocole de l'entête et de la fin de l'acte, le notaire est tenu de le lire ou de le faire lire, mais sous une sanction moins sévère édictée par la loi de ventôse.

La peine de nullité ne serait pas encourue non plus si le notaire oubliait de donner lecture de la mention de la déclaration faite par le testateur qu'il ne peut signer. Les formalités testamentaires sont rigoureuses; nous n'avons pas le droit d'y ajouter un degré de sévérité, et l'art. 973 ne prescrit pas la lecture de la mention.

Lorsque le testament a été dicté en langue étrangère et qu'une traduction en cette langue a été mise en regard du texte, le notaire en donne lecture au testateur en présence des témoins. Si la traduction, qui est purement facultative, n'est pas établie à la marge, l'officier public la doit faire de vive voix. Dans l'un et l'autre cas, il lira en outre aux quatre témoins la version française, puisque c'est elle qui a le caractère authentique.

4° LES MENTIONS.

— Le testament ne se prouve pas par le témoignage et autres documents extrinsèques (voir p. 77). Il doit renfermer dans sa contexture la preuve de l'accomplissement de toutes les formalités qui le constituent; or, comme la célébration de la plupart des solennités testamentaires ne laisserait pas de trace sur le papier si elle n'y était pas constatée, la loi ordonne qu'il en soit fait mention : « Il est fait du tout mention expresse » (art. 972). Cette mention, cette affirmation collective du testateur, des notaires et des témoins dispense de toute autre preuve ; elle est un véritable *oriterium* de certitude. En effet, si le rite légal n'était pas accompli, les témoins et le testateur consentiraient-ils à signer un certificat mensonger ? les notaires s'exposéraient-ils à encourir la peine due aux faussaires ? et, s'il a été accompli, pourquoi les notaires ne le diraient-ils pas dans l'acte ? est-ce donc bien difficile ? et puis, ne savent-ils pas que leur acte serait nul et leur responsabilité sur le tapis ?

Ce qu'il faut mentionner à peine de nullité, ce sont : 1° la dictée par le disposant aux notaires ; 2° l'écriture de l'acte par l'un des officiers publics, où par l'un et l'autre alternativement ; 3° la lecture au testateur en présence des témoins (art. 972) ; 4° la déclaration personnelle du testateur de ne savoir ou de ne pouvoir signer, et pour telle cause (art. 973).

Ces quatre mentions sont les seules qui soient obligatoires. La loi n'en impose pas d'autres. Ainsi la présence des témoins à la dictée, à l'écriture, à l'apposition des signatures est certainement indispensable, mais on peut se dispenser de la mentionner, puisque la loi ne l'ordonne pas. Elle eût mieux fait de l'ordonner. Cependant son silence à cet égard n'a rien d'irrationnel, car il est de l'essence du testament public (emblème du testament nuncupatif des Romains, comme nous l'avons dit p. 102), que les témoins soient réellement présents à la confection de l'acte entier.

On pourrait soutenir que le paragraphe final de l'article 972 : « Il est fait du tout mention expresse », se rapporte à l'art. 971 et aux autres parties de l'art. 972, et que, par conséquent, la mention expresse de l'assistance des témoins à toute la rédaction est nécessaire. Cette opinion est soutenable, parce que nos deux articles sont tellement unis l'un à l'autre par le lien intellectuel et l'enchaînement des idées, que le numéro qui les divise matériellement paraît tout à fait superflu. Pourtant, comme le chiffre 972 est là, pareil à un large fossé qu'un propriétaire maladroit aurait creusé inutilement au milieu de son champ, nous ne pouvons transporter et appliquer au delà ce qui se trouve en deçà.

Selon moi, il n'est pas utile, non plus, de mentionner que la lecture a été faite *par le notaire*. Nous avons vu (p. 125) que le rôle de lecteur ne convient qu'à lui, et, d'ailleurs, l'art. 972, qui veut qu'on relate la lecture, n'exige pas qu'on dise par qui elle est donnée.

Cependant dans la pratique, par surcroît de précaution, on établit toujours sur l'acte la mention que les témoins étaient présents à la dictée et à l'écriture, et que le notaire a lu lui-même le testament.

— La nécessité d'une mention spéciale de la dictée, de la lecture et de l'affirmation du testateur de ne pouvoir signer s'explique à merveille : sans elle, nous n'aurions pas dans l'instrument la preuve que cette triple formalité a été remplie. La nécessité de mentionner que l'acte a été peint et confectionné par la plume et par la main de l'officier public s'explique moins facilement, car l'écriture du notaire est vulgairement connue.

— Il importe de bien savoir que la mention relative au défaut de signature du testateur renferme une déclaration toute personnelle à celui-ci (voir page 115).

Quand le testateur, ayant déclaré qu'il signera, ne fait

qu'ébaucher son nom sans pouvoir le finir, faut-il une nouvelle déclaration et une nouvelle mention ? ou du moins est-ce assez, pour la validité de l'acte, que le notaire et les témoins affirment que le comparant s'est trouvé dans l'impossibilité de parachever sa signature ? Selon moi, la solution de cette question n'a rien d'embarrassant. La loi veut ou une vraie signature, ou une déclaration vraie de ne pouvoir signer ; or, l'ébauche d'un nom patronymique n'est pas une signature et équivaut au néant ; donc une déclaration de l'impossibilité de signer est indispensable. D'un autre côté, cette déclaration, devant être personnelle au testateur, est une formalité qui ne peut être remplacée par une formalité toute différente, c'est-à-dire par une affirmation émanée du notaire et des témoins. —On objecte ceci : la signature est l'attestation de la persévérance du testateur dans sa volonté, et sa volonté persévérante est établie tant par sa déclaration de signer suivie d'un commencement d'exécution, que par l'affirmation de l'officier public, qui constate *de visu* l'impuissance où est le testateur de parfaire sa signature.—Je répondrai : le degré de certitude est peut-être le même, peut-être plus élevé, mais cela ne suffit pas ; ce n'est pas là que gît la question : nous avons à célébrer des formalités précises, à accomplir un rite solennel ; nous n'avons pas le droit de substituer arbitrairement une solennité à une autre ; nous devons obéissance passive à la loi, supposée plus clairvoyante, plus prudente que chacun de nous. Qui vous prouve, à vous, notaire, qui nous certifiez que votre client n'a pu compléter sa signature, que cette impuissance n'était pas une feinte, un moyen habile d'échapper à une captation, à une menace ?

Donc, au-dessous de la signature ébauchée, ou en marge de l'acte, les notaires devront mentionner que le testateur a déclaré ne pouvoir signer pour telle cause. Il y a quelque chose de plus simple encore : c'est de biffer ce commencement de signature et le passage où il est dit que le testateur signera, puis d'établir la nouvelle déclaration du disposant soit dans un paragraphe final, soit dans un renvoi à la marge. De cette manière, on passera l'incident sous silence, incident dont il est tout aussi inutile de parler que de raconter qu'on a interrompu la dictée et l'écriture pour administrer au testateur alité une tasse de tisane ou toute autre médication.

— Il se peut que celui ou celle qui teste ait pris la plume et signé avec le notaire et les témoins, et qu'aussitôt après on s'aperçoive que sa signature est illisible, informe, et rend l'acte radicalement nul. Que faire ? Recommencer ? Je ne crois pas que ce soit nécessaire. Dans un paragraphe additionnel, placé au-dessous des signatures ou à la marge, le notaire mentionnera une déclaration explicative émanant du testateur ou de la testatrice. La mention pourrait être conçue en ces termes : « La testatrice a déclaré, séance tenante, qu'ayant voulu absolument tracer son nom, elle n'a pu faire que le griffonnage bizarre qu'on voit ci-dessus, à cause d'une émotion qu'elle a éprouvée et du tremblement nerveux dont sa main droite a été prise subitement. Lecture faite, le notaire et les quatre témoins vont signer une seconde fois ».

— On a la plus grande latitude pour formuler les mentions. La loi n'impose aucun terme sacramentel ; pourvu qu'on raconte sans ambiguïté ce qui s'est passé, elle est satisfaite : par exemple, au lieu des verbes « dicter...,

écrire », on peut mettre : « prononcer à intelligible voix...,
transcrire mot à mot, rédiger de sa main ». Quelquefois
telle expression isolée est obscure, douteuse, qui, rap-
prochée d'une autre qui la précède ou qui la suit, paraît
suffisamment significative ; v. g. « le testament a été dicté
par le comparant et écrit en même temps par le notaire »,
est une mention très-complète, quoiqu'elle ne porte pas
littéralemen' que la dictée a été faite *au notaire;* l'indication des deux faits simultanés de la dictée par celui qui
teste et du travail manuel de la rédaction par l'officier
public, implique indubitablement la mention de la dictée
au notaire. — « Après lecture du testament, le comparant
déclare y persévérer »; mention valable ! Elle prouve que
c'est *au testateur* que l'acte a été lu, puisque sa déclaration n'est qu'une conséquence de la lecture qu'il a en-
tendue. — « Invité à signer, il a déclaré avoir perdu le
bras droit devant Sébastopol »; mention suffisamment
explicite !... Ainsi, les mots employés par nos articles
peuvent être remplacés soit par des synonymes, soit par
des tours de phrase, tandis que les formalités prescrites
ne peuvent jamais être remplacées par des formalités
équivalentes.

— Nulle place spéciale n'est assignée aux mentions.
Qu'on les mette dans le préambule de l'acte, dans le corps
du dispositif ou dans le protocole de la clôture, ou encore
une partie à un endroit, une partie à un autre endroit, ce
sera bien. Mais, objecte-t-on, comment certifier un fait
qui n'est pas encore accompli ? Comment ! Est-ce que le
testament n'est pas un tout indivisible ! est-ce que les signatures ne gouvernent pas l'acte entier et ne font pas foi
de la véracité de tout ce qui s'est passé ? est-ce que, pour

les signatures elles-mêmes, on ne les mentionne pas avant qu'elles aient été effectivement tracées ? Il est d'usage cependant de poser les mentions après le dispositif, et c'est mieux.

— La narration de l'accomplissement des solennités légales incombe à l'officier ministériel, lequel a mission de recevoir, d'administrer le testament (art. 971). Si elle émanait du testateur ou de l'un des témoins, elle infecterait l'acte d'une nullité générale. Mise dans la bouche du testateur, elle est néanmoins valable, s'il apparaît que le notaire se l'est appropriée et l'a positivement rendue sienne.

5° LES SIGNATURES.

— Nous avons dit ce qu'on entend par la signature (*supra*, page 96) et dans quel but elle est exigée.

Ici comme dans le testament olographe, un simulacre de signature, un assemblage de lettres informes et illisibles n'aurait aucune valeur, malgré l'attestation donnée par l'officier public qu'il a fait signer son testateur. Le témoignage du notaire prouvera bien authentiquement qu'une signature a été essayée, mais n'en constituera pas la validité.

Les signatures, étant une approbation du contenu de l'acte, se placent au pied de l'écriture. Placées en tête ou en marge, elles n'auraient aucune signification. Commencées à la marge et continuées au-dessous de la dernière ligne, elles ne me paraîtraient pas nulles.

Certains notaires, quand leurs actes se composent de deux ou plusieurs feuilles, ont coutume de faire parapher celles qui ne portent pas le seing des parties : précaution excellente, mais qui ne rend pas impossibles cependant les substitutions et les intercalations que pourrait commettre tout à son aise un homme indélicat, dont on aurait, comme dit maître Petit-Jean, graissé le marteau. Un moyen efficace de prévenir le grave inconvénient que je signale serait de constater, dans une mention, que l'acte se compose de tant de feuilles toutes paraphées.

— La signature du testateur se pose la première, celles des témoins viennent après, et celle du notaire, qui légalise en quelque sorte toutes les autres, se met en dernier lieu. Toutefois, cet ordre, qui est le plus logique, n'est pas prescrit par les textes et pourrait être interverti.

Ce qu'il y a de plus important, comme nous l'avons expliqué déjà (p. 124), c'est que toutes les signatures soient apposées sous les yeux des personnages qui figurent sur la scène. De sorte que si le testateur émigrait de ce monde avant d'avoir signé ou sans donner le temps aux autres acteurs de signer, son testament resterait nul éternellement.

— Les quatre témoins sont tenus de souscrire l'acte, excepté dans les campagnes, où il est permis d'en appeler la moitié d'illettrés (art. 974). Dans les campagnes, comment aurait-on pu en effet se procurer facilement quatre témoins sachant signer !

La loi a jugé prudent de maintenir le nombre des personnes qui doivent entourer le testateur, même dans les endroits peu populeux, afin que nous ayons une certitude toujours égale de la véracité des dispositions. On conçoit que des gens qui n'ont pas appris à écrire soient cependant capables d'apprécier ce qui se fait et se dit dans la célébration des testaments, et l'on est sûr qu'ils y ont assisté, la signature des cotémoins en étant une véritable preuve.

La moitié des témoins signera. Cela veut-il dire, que sur quatre sachant écrire, il suffira d'en faire signer deux ? Non pas. Si tous savent signer, tous signeront, à peine de nullité de l'acte ; le concours d'un témoin lettré se constate par sa signature, et le défaut de sa signature équivaut à un défaut d'approbation de ce qu'il a vu et entendu.

— Il importe maintenant de préciser ce qu'on entend par « campagne ». Ce mot n'a pas toujours une signification identique. La campagne, pour ceux qui habitent une grande ville, c'est tout ce qui est en dehors des faubourgs, même les villages et les petites villes. Le Parisien, par exemple, qui va passer son dimanche à Clamart ou à Meudon, dit qu'il va à la campagne ; l'étudiant de Poitiers qui prend le train pour Ligugé, Lusignan ou Civray, dit qu'il part pour la campagne. D'un autre côté, l'habitant du petit village de Ligugé ou de Lusignan, qui s'éloigne de son clocher et va se promener dans ses champs ou rendre une visite dans le hameau voisin, dit encore qu'il s'en va à la campagne. Et ce langage est français et très-correct.

Le mot « campagne » de l'art. 974, n'étant pas défini, indique-t-il les bourgs et les villages, ou ne vise-t-il que les hameaux ? Tantôt les uns, tantôt les autres. En effet, le législateur ne se préoccupe que d'une chose, de savoir si l'endroit où l'on dresse le testament compte assez de personnes lettrées, pour qu'on y puisse trouver aisément quatre témoins pouvant signer. Donc, à son point de vue, un village, chef-lieu de commune ou de canton, dans lequel on ne rencontre de personnes un peu instruites que le maire, le garde champêtre et les gendarmes, le curé et le

bedeau, le notaire, l'épicier, le débitant de tabacs, trois
ou quatre cafetiers et l'instituteur, sera une campagne ;
tandis que le hameau, l'agglomération où l'on ne verra ni
clocher ni mairie, mais où l'on trouvera un grand nombre
de riches propriétaires, d'industriels, de commerçants et
d'ouvriers intelligents, ne sera pas une campagne aux
yeux de la loi, Il y a donc là une question que les juges
du fait décideront souverainement.

Notons, en passant, que les mots « villes » et « campagnes » forment toujours, soit dans le langage du monde,
soit dans le langage de la loi, une antithèse positive, et
que, par conséquent, dans une ville qui mérite véritablement ce nom, quelque petite qu'elle soit, le seing des
quatre témoins instrumentaires sera indispensable.

Notons aussi qu'en certaines contrées de la province,
et notamment en Poitou, le nom de « hameau » est complétement inusité, inconnu; et que l'appellation de « village », qui convient aux petits chefs-lieux de communes
ou de cantons, d'après tous les dictionnaires et les meilleurs auteurs, est appliquée à tort aux réunions d'habita-
tions qui ne sont que des hameaux.

— Le Code n'exige pas, comme l'ordonnance, que le
testament par acte public soit dressé sans aucune discon-
tinuité d'action. Permis par conséquent d'y employer
plusieurs séances, plusieurs jours, à la condition que les
témoins soient toujours les mêmes et que l'acte porte l'indication des différentes dates de la passation.

— Les formalités spéciales édictées par le Code seront
observées, à peine de nullité (art. 1001).

§ 9.

Formalités générales édictées par la loi de ventôse.

— Le testament par acte public, étant reçu par un notaire, est assujetti, sur tous les points dont le Code ne s'est pas spécialement occupé, aux règles de forme posées par la loi du 25 ventôse an XI pour la rédaction des actes notariés.

Ainsi le notaire doit :

1° Se faire attester l'identité du testateur s'il ne le connaît pas (art. 11). Le faux par supposition de personne est excessivement redoutable en pareille matière, d'autant plus qu'on n'aura guère occasion de rechercher la fraude du vivant de celui dont le nom aura été usurpé.

Les témoins instrumentaires peuvent-ils certifier l'individualité du testateur ? Cette question n'a pas trait à la validité de l'acte, mais à la seule responsabilité de l'officier ministériel, car le prescrit de l'art. 11 n'a pas pour sanction la peine de nullité (art. 68) ; donc, si le notaire, à tort ou à raison, emploie comme certificateurs les témoins qui instrumentent avec lui et que le comparant soit identiquement celui qu'il se dit être, l'acte sera valable. Un arrêt de la Cour suprême (ch. des req., 7 juin 1825) décide « que la loi de ventôse ne fait aucun obstacle à ce que les témoins appelés pour attester l'individualité du testateur soient simultanément témoins instrumentaires ». Je n'ai pas à critiquer cette décision, qui peut-être est fort critiquable. Je dirai seulement que, si par hasard toute la responsabilité passe des épaules du notaire sur celles des deux témoins qui certifient bien connaître le testateur, c'est à la condition qu'ils réunissent les qualités requises des témoins par la loi de ventôse. Le Dictionnaire du notariat approuve la décision de la Cour de cassation ; mais les opinions émises dans ce guide des notaires, qui est plus volumineux que savant et moins classique, moins didactique que les ouvrages les plus élémentaires, ne nous inquiètent pas.

2° Énoncer les noms et la demeure des témoins (art. 12 et 68). Sans cela, comment connaître leur capacité ? dans quel coin de la France les dépister, surtout s'ils se nomment Martin, Moreau, Bonnet ou Bernard, dont les homonymes sont à l'infini ?

3° Énoncer aussi le lieu, l'année et le jour où le testament est passé (ib.), pour savoir si le notaire a instrumenté dans les limites de son ressort.

4° Écrire l'acte, en un seul et même contexte, lisiblement, en toutes lettres, sans abréviation, lacune ni intervalle ; indiquer les noms, qualités et demeure du disposant, sous peine d'amende (art. 13 et 68).

5° Mentionner que l'acte a été lu au testateur. La lecture que le Code ordonne à peine de nullité est celle du dispositif. Celle de l'entête et du style final n'est sanctionnée que par une amende (art. 13 et 68).

6° Faire signer l'acte par le testateur et les témoins, et le signer. Mentionner toutes les signatures ou la déclaration du testateur de ne pouvoir signer, à peine de nullité (art. 14 et 68).

Le Code ne prescrit la mention que dans l'hypothèse où le disposant ne signe pas (art. 973).

Il ne dit pas non plus de relater la signature des témoins ; notre art. 14 le dit.

Le défaut de signature des témoins exige-t-il une déclaration de leur part et une constatation expresse de ce fait ? Je ne le pense pas. D'abord la loi de ventôse est ici hors de cause : sa pensée et son regard ne se sont jamais dirigés de ce côté, puisqu'elle ne veut pour témoins que des citoyens lettrés ; puis la déclaration et la mention dont il s'agit ne sont pas commandées par le Code (art. 974) : donc elles seraient superflues. Donc les témoins qui n'auront pas souscrit le testament seront réputés illettrés ou avoir été pour une cause quelconque dans l'impossibilité de signer.

7° Mettre en marge les renvois et apostilles, les parapher et faire parapher, faire approuver et approuver celui qui, en raison de sa longueur, serait transporté à la fin de l'acte (art. 15).

8° Éviter les surcharges, interlignes et additions dans le corps de l'acte : les mots surchargés, interlignés et ajoutés étant nuls ; constater le nombre des mots rayés dans une mention marginale, qui sera paraphée, à peine d'amende (art. 16).

9° Garder minute du testament, sous peine de nullité (art. 20 et 68).

— Règle générale, les notaires sont tenus de conserver parmi leurs archives les actes qu'ils rédigent ; il n'y a d'exception que pour les actes simples ; or le testament, par l'importance qui s'y attache, n'est pas un acte de cette dernière catégorie. On m'objectera que l'ordonnance de 1723 appelle actes simples ceux qui ne se réfèrent à aucun titre et ne renferment pas de contrat synallagmatique. Je réponds : le testament ne se réfère à aucun titre , c'est vrai ; mais, ce qui vaut autant, il est lui-même un monument, un titre sérieux, qui réglera les droits respectifs du légataire et des héritiers.

§ 10.

Formalités conservées par la routine. — Leur valeur.

— La plupart des notaires, avant d'écouter le testateur et d'écrire sous sa dictée, mentionnent dans le préambule de l'acte que le comparant « jouit de son intelligence , de sa mémoire , de son entendement. » Ils ont là un cliché spécial , qu'ils reproduisent dans tous leurs testaments sans exception. Une phrase ainsi stéréotypée a-t-elle de la valeur ? Aucune. Si l'officier public prête son ministère , c'est assurément parce que celui qui va tester paraît avoir la plénitude de ses facultés. Que le notaire raconte ou ne raconte pas que son client était sain d'esprit , il est toujours supposé l'avoir jugé tel, et quand, sans motif particulier apparent , il affirme qu'il y a sanité intellectuelle chez le testateur, son témoignage écrit n'a pas plus d'autorité que n'en aurait son silence. Différente est l'hypothèse où le notaire , avant d'instrumenter, a dû examiner attentivement l'état mental du testateur : notaire , je suis appelé au chevet d'un mourant, ou près d'un malade dont l'intelligence s'éclipse par intervalle ; où je reçois dans mon étude un viveur émérite, un fervent disciple de Bacchus, un monomane ou un octogénaire ; si je constate que cet homme a ses idées lucides et toute sa raison, mon témoignage alors ne sera pas une simple banalité.

— Il est une autre vieille habitude, qui a de bien profondes racines dans le notariat : c'est de dépeindre, avec un luxe de détails singuliers, le lieu où se passe l'action du testament. Je vais vous donner un spécimen de ces descriptions étonnantes :

« Nous, notaire, nous sommes transportés dans la maison, n° 99, rue du Vieux Style, Et prenant l'escalier à droite nous avons monté dans la chambre à coucher dudit M Duchesne Testateur. nous, l'avons trouvé Couché sur son lit, dressé dans l'angle sud ouest de la susdite Chambre à coucher, au second, la dite chambre étant éclairée par deux Petites fenêtres ouvrant au nord et chauffée par le feu d'une grande Cheminée, la dite chambre ayant sa porte d'entrée sur le carré à gauche dudit Escalier. »

Chose digne de remarque, presque tous les formulaires notariaux font une description du *locus loci*, Au xix° siècle !!

La loi de ventôse exige sans doute, et judicieusement, que le notaire dise où il fait son acte, pour qu'on soit sûr qu'il n'a pas enjambé la barrière de sa circonscription ; mais elle n'exige même pas qu'il indique l'endroit précis où il s'installe. Qu'il soit dans un salon doré ou sur la pelouse champêtre, peu importe.

Ainsi, « Fait et passé à Poitiers, le... » ou « Fait en la commune de Ligugé, le... » sont des mentions suffisantes.

Il ne me paraît utile d'indiquer la maison que dans le cas où le notaire n'instrumente pas dans l'appartement du testateur. Chez soi, chacun est libre, chacun est roi ; sous le toit d'un voisin, on peut être prisonnier et subir une influence invincible. La prudence conseille donc à l'officier public, mandé dans une maison tierce pour monumenter les dernières volontés d'une personne qui s'y trouve, d'avoir avec celle-ci un tête-à-tête préalable.

— Je citerai encore une chose inutile, que l'on rencontre dans presque tous les actes notariés : la mention de l'interpellation de signer, adressée par le notaire aux gens illettrés : « M Duchesne a déclaré ne savoir signer, de ce interpellé... de ce requis... de ce *enquis* ». Cette vieille formalité, usitée et obligatoire jadis, ne l'est plus depuis la promulgation de la loi de ventôse. Pourquoi donc s'en servir toujours !

SECTION IV.

DU TESTAMENT MYSTIQUE.

— Le testament mystique est un acte de dispositions secrètes, écrit par le testateur ou par toute autre personne, clos et scellé ou mis sous une enveloppe scellée, et qui devient authentique en vertu du procès-verbal qu'un notaire dresse sur le verso de cet acte ou sur son enveloppe.

— Ce mode de tester diffère peu du testament tripartit du droit romain, car les art. 976 à 979 qui l'organisent ont été extraits presque littéralement de l'ordonnance de 1735.

— Les quatre art. 976, 977, 978 et 979 sont rédigés d'une façon bizarre, négligée, obscure. Au lieu de les copier servilement, notre législateur aurait bien pu, sans viser précisément à l'élégance, se servir d'un style un peu plus moderne et y mettre plus d'ordre et de clarté.

— Il y a dans le testament mystique deux actes distincts. Le premier, destiné à rester inconnu jusqu'au décès du testateur, contient l'expression des dernières volontés. Le second a pour but de procurer l'authenticité à l'écrit testamentaire, et d'empêcher qu'une main coupable n'en altère le contenu. On l'appelle acte de suscription, parce qu'il se dresse sur le revers du papier mystique ou sur son enveloppe.

— L'acte secret est écrit soit par le disposant, soit par tout autre. Le testateur n'est pas obligé de le rédiger de sa main, même quand il sait écrire. « Il sera tenu de signer ses dispositions, soit qu'il les ait écrites lui-même, soit qu'il les ait fait écrire par un autre » (art. 976).

L'homme qui n'a jamais manié la plume a cependant la faculté de tester en la forme mystique, pourvu qu'il ait appris à lire (art. 977 et 978), car alors il est à même de s'assurer si le papier qu'il va clore et sceller contient bien ses volontés. Il va sans dire qu'on exige de lui, non pas qu'il puisse déchiffrer toute sorte d'écritures, mais qu'il puisse déchiffrer et comprendre celle qui forme son testament. J'admets donc que la personne qui ne sait lire que l'écriture moulée a la liberté de faire imprimer ses dispositions ou de faire imiter par un écrivain les caractères moulés. J'admets également que l'aveugle qui peut lire avec ses doigts des phrases composées de lettres saillantes est libre d'écrire ou de faire écrire ainsi ses dispositions.

L'acte peut être rédigé en n'importe quel dialecte intelligible pour le testateur, puisque la loi n'a posé aucune prohibition à cet endroit.

Il peut être rédigé sur n'importe quelle matière susceptible de se plier et d'être cachetée ou de tenir dans une enveloppe : carton, parchemin, linge, planchette, fer-blanc. Que veut la loi ? que les dispositions soient consta-tées par écrit et qu'elles soient à l'abri de toute altéra-tion ! Elle parle de papier, parce que c'est la matière dont on se sert ordinairement.

La date y est inutile. Les dispositions, s'incorporant intimement au procès-verbal de présentation, et n'étant en quelque sorte fécondées et vivifiées que par lui (*infra*, page 157), sont censées conçues au moment où se dresse l'acte de suscription. Elles empruntent sa date avec son authenticité.

Autres conséquences de cette liaison intime : 1° Il n'est pas nécessaire que dans le style de l'acte intérieur on découvre une allusion à l'époque de la mort, et cette for-mule : « je *donne* ma fortune à Paul », qui ne vaudrait rien comme testament olographe, sera ici parfaitement suffisante. 2° Il est indispensable que le testateur sache lire au moment même où il se présente devant le notaire et les témoins. En vain vous auriez lu autrefois vos dis-positions : si vous ne pouvez plus les lire aujourd'hui, vous avez perdu la capacité de tester en la forme mystique. En vain vous affirmeriez que votre papier est bien le même, que vous le reconnaissez ainsi que la physiono-mie de l'écriture : vous n'êtes pas dans la situation you-lue par l'art. 978. La loi suppose que vous ne pouvez pas avoir la certitude de tenir à la main vos véritables dispos-sitions, si vous n'êtes pas à même de les lire.

— L'acte testamentaire, ou l'enveloppe qui le con-tient, sera fermé avec soin, et sur la fermeture on appliquera l'empreinte d'un cachet. « Sera le papier qui contiendra ses dispositions, ou le papier qui servira d'enveloppe, s'il y en a une, clos et scellé » (art. 976).

« Clos et scellé » ! Il y a là deux opérations différentes à exécuter. *Clore*, c'est fermer l'écrit de manière à ce qu'on ne puisse en pénétrer le contenu, sans altérer ou briser ce qui sert à le tenir fermé. *Sceller*, c'est apposer l'empreinte d'un sceau ou d'un cachet sur la substance employée pour clore le paquet.

M. Troplong (art. 976) et la Cour de cassation (arrêt du 2 avril 1851) décident qu'il y a testament mystique valable, bien que la marque d'un cachet n'y soit pas imprimée. Ils prétendent que le mot « scellé » de notre article est pris, non dans son sens étymologique, mais dans un sens large ; que « clore et sceller » n'offrent pas ici deux nuances d'idée, mais qu'ils sont complétement synonymes. Je n'aime pas cette décision, et je trouve bien meilleure celle que M. Nicias Gaillard a développée (quoique avec une ampleur de détails démesurée !) dans la *Revue critique de législation* (t. X, p. 481).

Il faut l'empreinte d'un cachet ; car la loi n'aurait pas mis deux mots pour rendre une seule idée et ne les aurait pas répétés trois fois dans quelques lignes. Il faut l'empreinte d'un cachet, car les art. 976 et 977 sont la reproduction de la loi *hac consultissima*, et notre testament mystique est, à peu de chose près, le testament tripartit écrit des Romains ; or, la loi *hac consultissima* exigeait l'empreinte d'une marque, d'une image quelconque ; donc le mot « scellé » est pris dans sa signification étymologique. Je sais bien que la marque du cachet, dont la description dans l'acte de suscription n'est pas obligatoire, n'ajoute qu'une faible garantie à celle de la clôture, et qu'une main habile peut briser la cire ou enlever les pains à cacheter et apposer de nouveaux cachets, sans laisser la moindre trace de ce délit. Mais qu'importe? La loi nous ordonne d'imprimer un sceau, nous n'avons pas à discuter avec elle ; ses ordres, conformes à la logique ou non, sont à exécuter, sous peine de nullité de l'acte. Et puis, si la loi ne nous prescrit pas de décrire l'image produite par le cachet, n'avons-nous pas en nous-mêmes un peu d'intelligence et d'instinct qui nous porte à le faire ! Faut-il donc que la loi nous dise tout !

Nous avons toute latitude pour le choix du cachet. Une chevalière, le cachet de n'importe qui, le sceau d'un notaire, une pièce de monnaie, un dé à coudre peut être employé.

— Le testateur étant devant un notaire et six témoins leur présente son papier clos et scellé. « Le testateur le présentera ainsi clos et scellé au notaire et à six témoins au moins » (art. 976).

— Il leur déclare que le paquet qu'il exhibe contient son testament « écrit et signé de lui, ou écrit par un autre et signé de lui » (art. 976).

Cette nuncupation a une extrême importance. Elle nous indique sommairement à quels signes l'on reconnaîtra plus tard l'identité de l'acte caché. A son apparition au grand jour, si cet acte n'était pas conforme aux indications données, il serait tout à fait nul, et il faudrait admettre, ou bien que le testateur a commis une erreur, ou qu'il s'est joué d'un captateur dont il ne pouvait se débarrasser autrement, ou bien qu'un crime de substitution, d'altération a été perpétré. La déclaration laconique qui a lieu ici équivaut à la dictée du testament public. A quoi servirait-elle, en effet, si elle n'avait pas pour but d'indiquer la physionomie de l'acte secret et de le rendre reconnaissable ? De même que l'écriture dans le testament public est la reproduction de la dictée, de même dans le testament mystique elle concordera avec la nuncupation, à peine de nullité.

Dire que le testament est écrit par le testateur ou par un autre (ou partie de sa main et partie de la main d'un tiers) ; qu'il est signé de lui ou qu'il ne l'est pas, sera certainement une nuncupation suffisante ; mais il sera prudent de la faire d'une manière un peu plus explicite et d'indiquer la matière sur laquelle on a écrit, le nombre de feuilles ou de rôles employés, le nombre des mots rayés ou surchargés, celui des renvois, etc. Ces détails accessoires seront autant de traits caractéristiques d'une grande utilité.

Que si le testateur a souscrit ses volontés et a perdu depuis l'usage de signer, il le déclarera. « En cas que le testateur, par un empêchement survenu depuis la signature du testament, ne puisse signer l'acte de suscription, il sera fait mention de la *déclaration qu'il en aura faite* » (ibid.). Il ne sera pas tenu de notifier la cause de son empêchement.

— L'officier public rédige immédiatement, sur le verso du testament ou sur son enveloppe, un procès-verbal de ce qui se passe devant lui. « Le notaire en dressera l'acte de suscription » (ibid.).

« *En* dressera l'acte ». C'est-à-dire dressera acte de *tout cela !* de l'accomplissement de toutes les formalités que la phrase énumère ! Tel est le sens du pronom *en.*

Le faire rapporter, comme certains auteurs le veulent, seulement au substantif « testament », serait fort illogique, puisque, comme on l'a dit avec justesse et avec esprit, l'acte de suscription pourrait être une simple étiquette. En effet, en mettant « testament d'un tel » tout serait dit !... mais tout serait manqué ! Saurait-on si la présentation et la nuncupation auraient été faites ? et cependant il faut que le testament nous l'apprenne, puisque les preuves extérieures de l'accomplissement du rite qui constitue cet acte solennel sont prohibées. Et, d'un autre côté, la certitude que la pièce intérieure n'a pas été altérée serait bien moins grande.

L'acte de suscription constatera donc : 1° la présentation par le testateur au notaire et aux témoins du papier qui renferme ses volontés ; 2° la déclaration par le testateur que ce papier renferme ses volontés ; qu'elles ont été écrites par lui ou par un autre et qu'il les a ou ne les a pas signées ; 3° la clôture et le scellement du paquet, opérés avant ou pendant la séance ; 4° si le disposant qui a souscrit ses dispositions est dans l'impossibilité de signer, une déclaration personnelle de lui à cet égard.

Aucune autre mention n'est obligatoire, puisque l'article 976 n'ordonne que celles-là. Il sera bien cependant de faire une description exacte de l'acte intérieur et de l'empreinte des cachets. Mais il sera complètement inutile de rapporter que l'acte de suscription a été dressé sur le papier du testament, que le notaire a tenu la plume, etc.

La simple mention que le papier a été *clos* est-elle valable, s'il résulte de l'état matériel de la pièce qu'elle était *scellée* au moment où l'acte de suscription a été dressé ? La Cour de Bordeaux (21 mars 1822) et la Cour suprême

(21 mai 1824) ont accepté l'affirmative, et quelques auteurs ont approuvé cette jurisprudence. On a raisonné ainsi : la loi demande une constatation quelconque de la double formalité de la clôture et du scel ; la clôture et le scel sont des faits extérieurs, qui laissent sur le papier une trace sensible et permanente, et sont, sous ce rapport, bien différents de la présentation de l'acte et de la nuncupation, dont il ne resterait aucun vestige si elles n'étaient pas relatées ; donc le scellement n'est pas utile.

Cette opinion n'est pas la mienne. Il me paraît impossible de prouver, par la seule conformation de la pièce, que l'empreinte des cachets a été faite au moment de la clôture ! D'ailleurs, fût-il reconnu qu'elle a été faite à ce moment-là, il faudrait encore mentionner le scellement. En effet, le scellement, très-distinct de la fermeture, est une des formalités spéciales qui concourent à la création du testament mystique, et dont parle l'art. 976 ; or, toutes ces formalités doivent être relatées ; donc une relation du scellement est indispensable. Enfin la clôture, elle aussi, est un fait permanent ; soutiendrait-on qu'on peut négliger de la mentionner !

— A l'inverse, la simple mention que le testateur a présenté son testament *scellé* serait valable, car le scel implique la clôture.

— La mention des signatures du testateur et des témoins n'est pas requise par l'art. 976 ; elle n'est donc pas nécessaire à la validité de l'acte.

— Le législateur ne nous a imposé aucun terme sacramentel pour la rédaction de l'acte de suscription ; il n'a assigné aux mentions aucune place particulière. Donc toute latitude à cet égard est laissée à l'officier public.

— Le procès-verbal de la suscription sera rédigé en français, comme tous nos actes notariés.

Si le testateur ignore notre langue, une traduction verbale instantanée ou une traduction écrite en regard du texte authentique est-elle exigée ici, comme elle l'est dans le testament par acte public ? Non : l'art. 976 n'ordonne point la lecture du procès-verbal de présentation, et aucune autre loi ne l'ordonne à peine de nullité.

— L'acte de suscription, qui ne serait pas écrit de la main de l'officier public, serait-il bon ? La négative est généralement adoptée. L'art. 976, dit-on, a été emprunté à l'ordonnance de 1735, et il est probable qu'il a conservé le sens qu'il avait à cette époque ; or, sous l'ordonnance, le notaire était obligé d'écrire son acte lui-même. D'un autre côté, le verbe « dresser » (un peu équivoque pris isolément) de l'art. 976 acquiert une signification précise, si on le rapproche de l'art. 979, où se trouve en toutes lettres le verbe « écrire ».

Ce raisonnement a une grande force, et cependant j'hésite à l'admettre. Dresser, écrire un acte, sont des vocables qui, selon moi, n'apportent pas nécessairement avec eux l'idée que c'est le notaire qui tient la plume. De l'homme complètement illettré qui, pour sa correspondance, se sert d'un écrivain public, ne dit-on pas qu'il écrit à un tel ? Les souverains, les ministres, les préfets n'écrivent-ils pas tous les jours par la main de leurs secrétaires ? Donc les mots « dresser... écrire », dont aucun adverbe, aucun complément ne vient ici modifier le sens large et vulgaire, ne doivent pas être considérés d'une façon étroite et restrictive. Et il serait bizarre que le législateur du XIX⁰ siècle n'eût pas employé les mots que nous examinons avec le sens que leur attribuent notre langage usuel et nos dictionnaires du xix° siècle ! Enfin, je conçois qu'on ait astreint le notaire à écrire le testament public ; je ne concevrais pas qu'on l'astreignît à écrire l'acte de suscription du testament mystique ; il n'y a pas du tout parité de raison.

— La suscription se dressera *uno contextu*, « sans divertir à autres actes » (art. 976). La célébration du testament mystique exige, de la part de l'officier public et des témoins, une surveillance attentive, pour qu'aucune altération ou substitution ne se commette. S'il était permis d'interrompre cette scène juridique et d'appeler l'attention des personnes d'un autre côté, vers d'autres affaires, un escamotage deviendrait possible à un habile compère.

Cependant on admet chez nous, comme jadis à Rome, qu'une petite interruption, motivée par une nécessité pressante, ne compte pas. Je crois, en effet, que si l'un des acteurs a besoin de sortir pour quelques minutes, un court intermède est parfaitement légal, à la condition que les autres personnages restent à leur place et que l'ébauche du testament soit toujours là sous leurs yeux. Mais, si deux ou trois témoins sortaient à la fois, ou bien si, pendant l'absence d'un seul, le testateur tombait en syncope, ou avalait une médication, je crois que tout serait à recommencer. Bien plus, je suis porté à penser que le notaire ne peut pas du tout s'absenter, parce que c'est lui qui est le ministre de l'acte, le surveillant le plus actif.

— Le muet qui sait écrire a la capacité de tester en la forme mystique. Son testament se dresse selon les règles et avec les formes que nous venons d'énumérer, sauf trois exceptions : 1° le muet écrira et datera lui-même ses dispositions ; 2° il mettra en tête de l'acte de suscription , en présence des témoins et du notaire, que le papier présenté par lui est son testament ; 3° le notaire mentionnera que le testateur a écrit ces mots devant lui et devant les témoins (art. 979).

L'art. 979, comme les trois précédents, du reste, a été copié dans l'ordonnance, sans aucun discernement. Pour être logiques, les rédacteurs n'auraient dû exiger du muet autre chose qu'une déclaration écrite, analogue à celle qui est faite oralement par le testateur non muet. A quoi sert aussi la date qu'ils lui demandent , puisque celle qui est mise dans la suscription s'applique aux dispositions secrètes ?

Le sourd-muet peut-il tester mystiquement ? Je n'ai pas à développer cette question de capacité, mais de prime abord l'affirmative ne me paraît pas admissible.

— Les formes générales prescrites par la loi du notariat seront observées dans la rédaction de l'acte de suscription , excepté sur les points spécialement traités par le Code. Nous ne répéterons pas ce que nous avons déjà dit à l'occasion du testament public (page 148).

Le testament mystique peut-il être dressé en brevet ? Oui, dit M. Demolombe, d'accord avec la Cour de cassation et la majorité des jurisconsultes, parce que telle était l'ancienne jurisprudence, parce que l'acte de suscription n'est qu'un procès-verbal , un acte simple ! parce que le sens des art. 1007 et 1008 s'harmonise avec l'idée que l'acte n'est pas retenu en minute. L'opinion contraire a pour moi infiniment plus d'attrait. La loi de ventôse veut qu'il soit gardé minute des actes importants, et, d'un autre côté, nous avons démontré que le testament public ne se

fait pas en brevet ; or, le testament mystique est aussi
sérieux que le testament par acte public ; l'un et l'autre
sont les premiers titres des légataires ; sont des monuments qui demandent un travail plus grand, une attention
plus minutieuse que les autres actes ; ils ont l'un et l'autre
une égale force, une égale importance ; donc, si le premier
n'est pas un acte simple, le second ne l'est pas non plus.
Donc le testament mystique doit rester en minute. Je ne
m'occupe pas de la jurisprudence antérieure à la loi nota-
riale. Je ne me préoccupe pas des art. 1007 et 1008, dont
certaines expressions, il est vrai, ne concordent pas parfaitement avec le texte de la loi de ventôse, mais qui évidemment ne le contrarient pas assez pour constituer une
dérogation formelle au grand principe que je viens d'é-
tablir.

— La capacité de l'officier public est gouvernée par la
loi du notariat, eu égard, bien entendu, au caractère du
testament mystique. Partant, l'acte sera valable, quoique
les dispositions soient faites au profit du notaire, puisqu'elles sont légalement inconnues.

Quid si le notaire a dressé de sa main l'écrit intérieur ?
Le testament est bon quand même : le notaire est censé
ignorer le contenu du paquet qui lui est présenté. J'ex-
cepterai cependant le cas où il aurait rédigé au commencement de la séance, en présence des témoins, l'acte testamentaire qu'il aurait ensuite plié, cacheté et scellé ; car
alors il y a certitude qu'il instrumentait en sa faveur.

— La capacité des témoins est ici la même que dans le
testament par acte public ; sauf les particularités qui ré-
sultent de l'essence du testament mystique. L'art. 980
réglemente la capacité absolue. La place où il a été mis

dans notre section et le substantif « testaments » (au plu-
riel !) qu'il contient prouvent qu'il s'occupe de ceux qui
assistent le notaire dans les deux façons de tester authentiquement.—La capacité relative est déterminée par la loi
de ventôse et par l'art. 976, car l'art. 975 est spécial à la
catégorie des testaments publics. De la loi organique du
notariat (art. 8 et 10, rapportés page 148) il suit que les serviteurs et les clercs soit du testateur, soit du notaire, et les
parents et alliés soit du testateur, soit du notaire en ligne
directe à l'infini et en ligne collatérale jusqu'au troisième
degré inclusivement, n'ont pas l'aptitude d'assister l'officier ministériel. Mais les légataires, étant légalement in-
connus (art. 976), peuvent, ainsi que leurs serviteurs et
leurs proches parents et alliés, figurer comme témoins.

Suffit-il que le témoin comprenne la scène qui se passe
devant lui sans qu'il entende la langue du testateur ?
Quelques jurisconsultes, et notamment M. Troplong, enseignent l'affirmative, en appuyant leur doctrine sur l'autorité du droit romain. L'opinion contraire est de beaucoup préférable. Sans doute les Romains, dans leur
testament tripartit, avec lequel notre testament mystique
a une grande ressemblance, admettaient comme témoins
des gens qui n'entendaient pas la langue du testateur ;
mais c'était par respect des vieilles traditions, par routine.
Dans l'antiquité, ils avaient testé au moyen d'une mancipation, et la mancipation était accompagnée d'une pantomime significative, d'une sorte de langage gesticulé assez
compréhensible, et alors les témoins n'avaient pas besoin
de saisir le sens des paroles tout à fait banales qui étaient
prononcées ; plus tard ils continuèrent à recevoir comme
témoins des citoyens ignorant le dialecte du testateur.

11

Mais notre législateur français n'a pas, dans son recueil, inséré telle quelle la forme tripartite des Romains; il ne l'a pas prise avec les vieilles traditions qui s'y rattachaient. Les lois de la Révolution française et le Code ont opéré une rupture éclatante avec l'ancienne jurisprudence, sur tous les points dont ils se sont occupés; or, la loi de ventôse, en voulant qu'il soit donné lecture des actes et des contrats aux parties et aux témoins, suppose évidemment que les témoins comprendront ce que les parties auront expliqué. D'ailleurs, la déclaration qui sort de la bouche du testateur, dans la célébration du testament mystique, n'est pas une nuncupation vague et insignifiante, comme celle qu'on prononçait mécaniquement dans le testament *per œs et libram* (voir page 20); elle a une grande utilité; elle remplace la dictée qui a lieu dans le testament par acte public; il faut donc que les paroles soient comprises par les témoins.

Six témoins sont nécessaires. « Le testateur le présentera ainsi clos et scellé au notaire et à six témoins au moins » (art. 970). — Tous les six apposent leur seing sur l'acte, à la campagne comme ailleurs, car l'exception mise dans l'art. 974 n'a pas été répétée dans l'art. 976. « Cet acte sera signé tant par le testateur que par le notaire, ensemble par les témoins » (ib.). La raison de cette différence est difficile à donner. C'est évidemment par inadvertance et parce qu'il copiait rapidement l'ordonnance, sans se reporter aux articles qu'il venait d'édicter, que le législateur n'a pas reproduit ici l'exception rationnelle que consacre l'art. 974.

Quand l'acte intérieur ne porte pas le seing du testateur, un septième témoin est appelé, et l'on mentionne la cause de sa présence. Exigence bizarre et capricieuse ! imitation servile et irréfléchie de l'art. 10 de l'ordonnance !

Ce septième témoin joue le même rôle que les autres, car il ne lui est pas assigné une mission particulière ; il ne suffirait pas , par conséquent , qu'il intervînt au moment de l'apposition des signatures.

Un notaire qui assisterait son collègue ne compterait que pour un témoin, l'art. 971 étant spécial au testament public.

— NOTA. A Rome, le testament tripartit n'était pas nécessairement secret (*supra*, page 41). Chez nous, les dispositions du testament mystique sont en droit tout à fait inconnues, c'est-à-dire protégées par des formalités légales qui en rendent le contenu impénétrable ; mais en fait elles peuvent être connues, avoir été communiquées et confiées à quelques personnes par le testateur.

APPENDICE.

§ Ier.

CODICILLES.

— Nous n'avons pas dans notre législation un autre acte que le testament pour exprimer nos derniers désirs. Nos codicilles, comme ceux des anciens pays coutumiers, sont de véritables testaments ; ce sont des dispositions accessoires qu'on ajoute à une disposition principale faite antérieurement.

§ II.

FORMULES DE TESTAMENTS.

1º *Spécimens de testament olographe.*

Je, soussignée, Adélaïde Dax, couturière, demeurant à Poitiers, veux que toute ma fortune appartienne après ma mort à deux de mes nièces, Camille et Pauline Valcourt, couturières, demeurant avec moi et qui m'entourent de leurs soins et de leur tendre affection. Mes légataires universelles seront obligées de verser deux mille francs à la caisse ouverte pour la libération du territoire, si avant mon décès je n'ai pas personnellement accompli ce devoir.

Fait en entier de ma main, le premier janvier mil huit cent soixante-douze.

ADÉLAÏDE DAX.

Ou bien :

J'institue pour mes légataires universelles Camille et Pauline Valcourt, mes deux nièces, demeurant à Poitiers.

Ce 1ᵉʳ janvier 1872.

ADÉLAÏDE DAX.

2º *Spécimen de testament public.*

Devant Mᵉ Jules Nœudblanc, notaire à Saint-Benoît (Vienne), et devant messieurs ....,

Comparaît :

Hercule-Antoine Laforse, jardinier, demeurant à Saint-Benoît, veuf de Radégonde Duplan,

Lequel, étendu sur son lit et gravement atteint de la variole, prie le notaire de recevoir son testament et s'exprime de la manière suivante :

« J'ai deux enfants : Antoine, ouvrier horticulteur, demeurant à Poitiers, et Jeanne qui demeure avec moi.

» Mes biens consistent en : 1° la maison que j'habite et le jardin de un hectare y attenant ; 2° un pré naturel de deux hectares, situé à Saint-Benoît et touchant au moulin de Jacques Rousseau ; 3° une vigne de vingt-cinq ares, située dans le coteau Saint-Pierre, confrontant vers le levant au fils Rousseau ; 4° un chalet suisse avec l'enclos qui l'entoure, situé non loin de Saint-Benoît, sur le coteau de Bacchus, et qui m'a été vendu pour 6,800 fr., avec faculté de rachat, par M. le baron du Roc de la Tour-Volue ; 5° et mon mobilier.

» Je donne et lègue à mon fils Antoine : 1° ma maison et mon jardin ; 2° et la moitié de ma vigne.

» Je donne et lègue à ma fille : 1° le pré de deux hectares ; 2° la moitié de la vigne le long du fils Rousseau ; 3° le chalet et le clos qui en dépend.

» Si par hasard les 6,800 fr. sont remboursés de mon vivant par le baron du Roc, Jeannette recevra de son frère une soulte s'élevant à cette même somme, et qui sera payable cinq ans après mon décès, avec intérêt à trois pour cent.

» Et, pour le cas où l'un de mes enfants, mécontent de son lot, intenterait une action en partage de mes biens, je lègue à l'autre la quotité disponible de ma succession, qu'il prélèvera avant le partage du surplus de la masse ; et si c'est Jeannette qui est actionnée par son frère, je veux que la quotité disponible soit formée du pré du moulin et de la moitié de la vigne qui touche au jeune Rousseau.

» Je donne cent francs aux pauvres de la commune et vingt francs au vicaire, qui dira des messes pour moi.

» Je révoque tous testaments antérieurs.

» Je nomme pour mon exécuteur testamentaire mon voisin et ami Rousseau ».

Ce testament a été ainsi dicté par le sieur Laforsé à Me Nœudblanc, qui l'a écrit en entier de sa main, tel qu'il lui a été dicté, et qui en a fait la lecture au testateur, le tout en présence des quatre témoins.

Ceux-ci, après explications fournies par Me Nœudblanc, déclarent avoir la capacité légale des témoins instrumentaires.

Dont acte,

Fait et passé, chez le sieur Laforse, en l'absence de ses enfants, le 10 juin 1873, à 2 heures du soir.

Et, après lecture, le testateur, les témoins et le notaire vont signer.

Lo

Le testateur a tenté d'apposer sa signature et n'a tracé que deux lettres informes. Il déclare au notaire et aux témoins que sa main devenue glacée lui refuse le service, et qu'il ne peut achever son nom. Cette mention a été lue par Me Nœudblanc.

L'acte, écrit sur une feuille de 1 fr. 20 c., contient vingt mots rayés.

3° Spécimen de testament mystique.

1° Acte de suscription.

Devant nous, Jean-Maximilien-Marie Laplume, notaire

à Kerwiger (Finistère), et en présence de sept témoins : messieurs....,

Comparaît :

M. William Bristouërec, médecin, demeurant à...,

Lequel présente, aux témoins et à nous, un papier plié, parfaitement clos et scellé à dix endroits, avec de la cire d'un bleu azur, portant l'empreinte d'une croix de Malte.

Il nous déclare : que ce paquet est une feuille de papier timbré de 1 fr. 20 c., sur laquelle il a fait écrire aujourd'hui ses dernières volontés, par la main de son curé ; que le corps de l'écrit testamentaire est composé de vingt-neuf lignes, où se trouvent quarante mots rayés et dix-huit surcharges, et qu'il n'a pu le signer.

Fait et dressé à..., chez le testateur, le 13 juin 1873, à 11 heures du soir.

Après lecture, M. Bristouërec déclare ne pouvoir signer, à cause de la blessure qu'il a au bras droit ; les sept témoins et le notaire vont signer. Le notaire est assisté de sept témoins, parce que le testateur n'a pu souscrire ses volontés.

2° Dispositions secrètes.

M. Bristouërec, officier de santé, demeurant à... (Finistère), craignant de mourir de la blessure grave qu'il s'est faite ce matin au bras droit dans une opération chirurgicale difficile, lègue : 1° à la veuve Kudöec, du hameau du Grand-Dolmen, une rente viagère de...; 2° aux petits Édouard et Charles Stopp, dont les parents sont décédés le mois dernier à Louez, une somme de...; 3° à la veuve Carcodoé, qui a perdu son mari malgré les soins de M. Bristouërec, la somme de...; 4° aux orphelins Louis Kall, Clovis Flossen, Pierre Hoskoel, Anne-Marie Blürck, etc.

POSITIONS.

DROIT ROMAIN.

I. Dans cette phrase de la loi des Douze-Tables : « *uti legassit super pecunia tutelave suæ rei, ita jus esto* », le mot « legassit » fait allusion à l'institution d'héritier.

II. La loi 21, *hac consultissima* (C., de test.) n'est pas la seule organique du testament tripartit.

III. Dans le testament nuncupatif les témoins doivent entendre la langue du testateur.

IV. Il n'est pas nécessaire de savoir lire pour tester en la forme prétorienne et en la forme tripartite.

V. Le militaire peut tester sans recourir à la moindre solennité, et même devant un seul témoin.

DROIT FRANÇAIS.

DROIT CIVIL.

I. L'omission ou l'exécution douteuse de la moindre formalité entraîne la ruine du testament.

II. Le testament olographe est valable, quels que soient les caractères dont se compose l'écriture.

III. Il est nul si une main étrangère y a mis une simple virgule, un seul point, avec le consentement du testateur.

IV. La postdate a, comme l'antidate, un effet destructif.

V. Le fond du testament par acte public est le même que celui du testament nuncupatif des Romains.

VI. Le testateur ne peut prendre pour témoins ses parents ou alliés au troisième degré.

VII. Le notaire n'est pas obligé d'écrire et de lire le protocole initial et le protocole final du testament.

VIII. On ne peut tester en se référant à un autre acte.

IX. Un testament frappé de révocation est mort pour toujours.

X. Le testament mystique est la reproduction du testament tripartit écrit des Romains.

XI. Il ne peut être fait en brevet.

PROCÉDURE CIVILE.

I. La transcription inexacte des dispositions qui sont dictées au notaire et les altérations qu'il commettrait après coup dans le testament public, se prouveraient par la procédure du faux incident civil ou du faux criminel.

II. La fausseté du testament olographe se démontre par la voie ordinaire.

III. En cas de contestation sur la véracité de l'écriture du testament olographe déposé en l'étude d'un notaire, à qui incombe la charge de la preuve ? Il y a une distinction à faire.

DROIT ADMINISTRATIF.

I. La déclaration aux bureaux des postes des valeurs incluses dans un pli cacheté n'offre guère plus de garantie que le simple chargement. En outre, quand la valeur insérée dépasse 150 fr., l'expéditeur est à la merci du destinataire.

II. A l'audience du jury d'expropriation, chacune des parties siège à la barre.

DROIT COMMERCIAL.

I. La restriction mise aux effets de l'hypothèque légale de la femme du commerçant est rationnelle.

II. Le failli peut servir de témoin dans un testament.

DROIT PÉNAL.

I. Le notaire qui altèrerait l'écriture d'un testament olographe déposé entre ses mains n'encourrait-il que la peine de la réclusion ? Il faut distinguer.

II. Il n'est pas moral d'enlever sa capacité de tester au condamné à une peine afflictive perpétuelle : la loi du 31 mai 1854 n'a pas puisé toutes ses dispositions aux sources d'une saine philosophie.

TABLE DES MATIÈRES

De la forme des testaments en droit français.

Vu par le président de l'acte public,
RAGON ✻.

Vu par le doyen,
LEPETIT, ✻.

Permis d'imprimer :
Le recteur de l'Académie,
A. CHERUEL, (O. ✻).

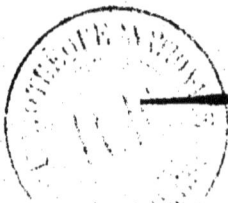

Les visas exigés par les règlements sont une garantie des principes et des opinions relatives à la religion, à l'ordre public et aux bonnes mœurs (statut du 9 avril
1825, art. 41), mais non des opinions purement juridiques, dont la responsabilité est
laissée au candidat.
Le candidat répondra en outre aux questions qui lui seront faites sur les autres
matières de l'enseignement.

Poitiers. — Imp. de A. Dupré.

POITIERS. — TYP. A. DUPRÉ.